Power
Thinking

人生を変える
パワーシンキング

あなたが、なりたい自分になれる25のエクササイズ

カタリーナ・ランド 著

竹田 悦子 訳

Power Thinking
Caterina Rando

First published in the United Kingdom and Ireland in 2002 by
Duncan Baird Publishers Ltd
Sixth Floor
Castle House
75–76 Wells Street
London W1T 3QH

Conceived, created and designed by Duncan Baird Publishers

Copyright © Duncan Baird Publishers 2001
Text copyright © Caterina Rando 2001
Commissioned artwork copyright © Duncan Baird Publishers 2001

The right of Caterina Rando to be identified as the Author of this text has been asserted in accordance with the Copyright, Designs and Patents Act of 1988.

All rights reserved. No part of this publication may be reproduced or utilized in any form or by any means electronic or mechanical, including photocopying, recording, or by any information storage and retrieval system now known or hereafter invented, without the prior written permission of the Publisher.

Managing Editor: Judy Barratt
Editors: Peter Bently, Ingrid Court-Jones
Managing Designer: Manisha Patel
Designer: Suzanne Tuhrim
Commissioned Artwork: Emma Harding

ある朝目覚め、幸せで充実した有意義な人生を送ることは可能ではないかと自分に問い、そんな人生を自ら生み出すためにベッドから出たすべての人に、この本を捧げます。

目次

あなたへ、ひと言 8

第1章：パワー・ポジティブな発想法 12

自己認識を広げる 14

エクササイズ1：自分と他人を驚かす 15

自分の発想の癖を知る 16

自分の基準で人生を生きる 20

周りからの刷り込みに気づく 22

エクササイズ2：刷り込みをチェックする 23

エクササイズ3：未来の自分を想像する 25

何を変えるか決める 26

エクササイズ4：変化への6つのステップ 27

チャレンジすべき領域を知る 28

エクササイズ5：パワー領域を広げる 31

感情をきりかえてハッピーになる 32

成長のための空間 34

エクササイズ6：自分だけの思索空間をつくる 35

予測より行動 36

エクササイズ7：足をひっぱる考えを捨てる 37

第2章：心のパワーを行動に結びつける習慣 38

意志を固める 40

行動も先手必勝 42

エクササイズ8：先手タイプか後追いタイプか？ 43

破滅型思考をやめる 46

パワーを呼ぶ日課 48

エクササイズ9：古い物を捨てる 49

第3章：パワー・シンキングのための基本的能力 50

内なる友を身方にする 52

自己への気づきを深める 56

エクササイズ10：究極の質問表 57

直観を研ぎ澄ます 60

エクササイズ11：第六感を生かす 61

甘い幻想に惑わされない 62

優先領域を決める 64

野心を言葉にする 66

エクササイズ12：行動プランを練る 69

自分自身のために何かをする 70

エクササイズ13：リスクと報酬を秤にかける 73

心の中の障害物 74

エクササイズ14：変化へのプログラム 75

シンボルを活用する 78

エクササイズ15：欲求を具体像にする 79

今の自分をチェックする 82

エクササイズ16：自分をふりかえる 83

第4章：思考を行動につなげるコツ 84

自分自身に宣言する 86

エクササイズ17：パワー・ステートメントを述べる 87

野心を言葉にする 88

行動するための戦略 90

ポジティブな記憶のパワー 94

エクササイズ18：瞑想の力 95

優柔不断に陥りそうになったら 96

エクササイズ19：「これか、あれか？」方式 97

感謝のもつパワー 100

エクササイズ20：感謝のレッスン 101

寛容な心をもつ 104

容認することを学ぶ 106

偶然のチャンスを生かす 108

人からパワーを受け取る 112

エクササイズ21：人間関係を見直す 113

まわりの人のパワーを結集する 116

エクササイズ22：パワー・グループをつくる 117

眠りのパワーを活かす 118

エクササイズ23：睡眠中のパワー・パートナー 121

潜在能力を引き出す 122

エクササイズ24：散歩の効力 123

第5章：回復力をつける方法 124

それぞれの人生の時刻表 126

自分の野心を再点検してみる 128

挫折から回復する力 130

エクササイズ25：最高のお客(自分)をもてなす 133

満足する地点にまでたどり着く 134

感情をうまくマネジメントする 136

苦労の中にも役割がある 140

エクササイズ26：苦労の正体を知る 141

初めてのことをしてみる 142

粘り強く突き進む力 146

充実感を味わう習慣 148

祝杯をあげよう！ 152

文献 154

索引 155

あなたへ、ひと言

カタリーナ・ランド

　かつて私は、活気あふれるイタリアン・カフェのオーナー経営者でした。そのカフェは私の家の近くにあり、姉のアンジェラが何年も前にオープンし、今も続けている店です。私は常連客のにぎわいが好きでした。近所の人たちと知り合い、大都会の中で小さなコミュニティーの一員であることを実感できるのも好きでした。けれど、しばらくして、なんとなく落ち着かなくなってきました。私は人の役に立ちたい、人々の人生に何らかの貢献がしたいと思っていました。コミュニティーの誰もが立ち寄れる日当たりのよい一角で、おいしいカプチーノと出来たてのサラミ・サンドイッチを供するのは素敵な仕事です。しかし同時に、私はこれが自分の天職ではないとも思いはじめていました。

　そんなふうに感じていたある日のことです。私は通りでひとりの女性に呼びとめられました。その女性には半年前に一度会っていました。共通の友人に勧められて私のところへ相談に来たのです。偶然の再会で、私はかろうじて相手の顔を思い出しました。最初のときは、おずおずと自信なげな様子でした。それが今は、堂々として自信と活力にあふれていました。驚いたことに、この女性が私に感謝していると言うのです。聞いてみると、最初に会ったとき、私は彼女に、自分の能力を信じ、自分の野心を実現するために何が必要かを考えて、迷わずそれを実行しなさい、と言ったというのです。そして、今、彼女が何よりもありがたく思っているのは、あなたは成功する可能性がある、自分の望む人生を自分で生み出す力があるのだ、と言った私の言葉だというのです。私は最

あなたへ、ひと言

初のときに何を言ったかはっきり覚えていませんが、この再会は決して忘れないでしょう。つかの間の偶然の出会いでしたが、この女性の感謝の気持ちは、私の心に沁み通り、誰かの人生の役に立てたという温かい思いで私を満たしました。それは、それまで感じたことのない感覚でした。その後、この女性には会っていません。名前さえ覚えていません。しかし、この女性は私の人生にまったく新しい方向付けをしてくれたのです。私の進むべき方向です。

　世界が伝えようとしている言葉に素直に耳を傾ければ、そこには私た

ちを行動へと駆り立てるメッセージが含まれています。きっかけは、私のように偶然の出会いかもしれませんし、映画、ヨット遊び、ことによる  と、ある文章の一節かもしれません。今、読んでいるこの本を、きっかけとしてぜひ生かしてください。この本によって、今はまだあなたの想像の中にしかない、素晴らしい人生を現実のものにする方法を知っていただきたいのです。

"enthusiasm"（熱意）の語源は、ギリシア語のenthusio、「あなたの内にある神」です。あなたの内には、はかりしれないパワーが秘められています。自分自身がもつパワーを生かすには、この本の頁にあなたの熱意を注ぎこんでください。その熱意とこの本のメッセージが出会ってひとつになれば、より豊かで活気にあふれ、より充実した人生を生み出す方法がきっと浮かび上がってくるはずです。

そうしたメッセージに心を開いてください。メッセージの多くは明快ですが、一部は行間に身を潜め、あなたを不意打ちするかもしれません。この本の頁につづられた発想の数々を消化し、反芻し、実行することによって、あなたのパワーが解き放たれるのです。

この本を、あなたに一番役立つ方法で使ってください。エクササイズを順番にやる必要はありませんし、全部やる必要もありません。時間がない人は、数分でできるものだけをやってもいいのです。大切なことは、あなたがどんな方法であれ、自分の人生にパワー・シンキングをもたらす第一歩をしっかりと踏み出すことなのです。私が紹介した逸話から力を引き出してください。いずれも、この本に書かれたテクニックを使っ

あなたへ、ひと言

て生き方を変えた実在の人たちの物語です。こうした実話の数々は、なにがしかのヒントを与えてくれるでしょう。

確かに私は理想主義者かもしれませんが、誇大妄想家ではありません。人が買った本の多くが、読了はおろか、ほとんど読まれずに打ち捨てられていることも知っています。この本は、いったん読み出したら中断しにくいようにつくられています。どの頁ももらさずに読みたくなるよう、各テーマを簡潔にまとめ、カラフルな頁で視覚的・情緒的なラポールを生むべくデザインされています。この本をあなたの友としてください。あなたが自分の人生をどう生きるかについて、深い問いかけを発し、自らその答えを見つけるべく、この本が支えとなり、アドバイスを与え、鼓舞してくれることでしょう。

最後になりましたが、この本を書いた喜びと幸せは、この本が皆さんの人生をどう変えたかをお聞かせいただいたときに私が味わうであろう感激に比べれば、はるかに小さなものだと言わざるを得ません。ぜひ、私にお便りをください（あて先は本書末尾を参照）。あなたの物語、あなたの経験、あなたの発見を教えていただきたいのです。さあ、あなたの旅がここから始まります。

おしまいに、私のハートから、あなたのハートへ、*protere infinito*（プロテーレ インフィニト）──限りないパワーを送ります！

パワー・ポジティブな発想法

第1章

　ものの考え方ほど、人生の質を正直に映すものはありません。起きている間、ほかの何をやっているときでも、思考は途切れることなく続いています。思考——世界に対する心の反応の仕方——は、あなたの信念を形作り、どう行動するか、あるいはしないかの決定を促します。ときには、思考が不安をかきたて、自分が望む変化を起こさない言い訳を並べ始めることもあります。

　まず、やるべきことは、あなたがこの本を手にした時点で持っている、悪い発想の習慣を改めることです。考え方を変え、可能なことについて考え、心を広げ、生き方を変えるのです。

　最初は、今の発想の癖を知り、そこからスタートしましょう。これは将来、進むべき方向を決める鍵になります。自分の考え方への気づきが深まれば深まるほど、その方針転換を図り、自分自身に役立ち、また人生への願いをかなえる考え方を身につけることも容易になります。手すりにしがみついていては、星に手が届きません。この章のエクササイズを終えるころには、星への距離が縮まっていることでしょう。

自己認識を広げる

自分がなりたい人間になるのは、壁画を描くようなもので、真に完成に至ることはなく、どこまで行っても修正可能です。人生の絵筆を握る私たちは、新しいテーマや色やタッチを試すことをためらいがちです。いつも同じ題材、同じ道具、同じ筆使い、同じ色使いを続けます。こうして時がたつにつれ、私たちの自己認識はすっかり狭まってしまうのです。

自己認識が狭まると、考え方、行動の仕方、生き方まで狭まります。そして、ある物事を自分には絶対に手が届かないと思い込み、手を伸ばすことさえ慎むべきだと考えるようになるのです。

自分はある状況ではうまくやれるのに、別の状況では情けないほどダメになると思い込んでいる人がよくいます。こんな経験はありませんか？　友達の前で歌を歌わされそうになり、調子っぱずれな歌で恥をかきそうに思えて必死に断ったこと。せっかく乗馬に誘われたのに、鞍の上では2分と保たないからと固辞したこと。何かの席でスピーチを求められたのに、考えただけで心臓がドキドキするからと尻込みしてしまったこと。

自己認識を広げること。あなたが自分にできることで、これほどパワフルなことはありません。これまでは「自分の柄ではない」と拒んできたことを始めてみましょう。何かシンプルで意味のあること、特別な道具立てなしに自分ですぐ始められること、たとえば、詩や物語を書くこともいいでしょう。あるいは、タイヤを替えるとか、全部の指でタイプできるようなるとか、何かのスキルを身につけることでもいいのです。新しい何かを始めることで、自己イメージが変わり、自尊感情も高まります。ほんとうです。あなたには、自分が思っているよりはるかに多くのことが可能なのです。

> 人は日々変わり、（中略）数年ごとに新しい存在に生まれ変わる。
>
> ジョルジュ・サンド
> （フランスの作家）

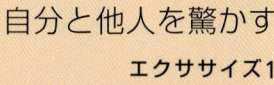

自分と他人を驚かす
エクササイズ1

自己認識を広げていくプロセスの手始めとして、次のエクササイズをやってみましょう。

パートA 1. 自分に欠けていると思う特性やスキルをリストアップします。たとえば、ウイット、料理の腕前、想像力、勇気、忍耐、洞察力などです。いくつでも好きなだけ。

2. リストから自分が一番養ってみたいと思う特性をひとつ選びます。

3. その特性を持った人を思い浮かべます。直接会うか、本などを読むか、ビデオを見るのもいいでしょう。その特性を取り入れた自分の人生を心に描いてみましょう。

パートB 1. 自分にはできないがやってみたいことをすべて、パラシュートや乗馬から、友人に手料理を振舞うこと、チェスで勝つことまでリストアップします。

2. このリストからパートAで上げた特性を要するものを選びます。たとえば、勇気を養いたいなら、要素として勇敢さを含む活動を選ぶわけです。

3. さあ、実行です！ 料理が苦手なら宴会を開きます。歌が苦手なら先生を見つけてレッスンを受けるのです。先生があなたの隠れた能力を判定してくれます。泳ぎが苦手なら、初心者クラスに入りましょう。文章が下手なら、詩のコンテストに応募しましょう。

パートC 両方のリストから数項目が消えるまで、このプロセスを繰り返します。結果にこだわらず、挑戦そのものを楽しみましょう。自分への見方が変わることを楽しみ、決して後ろを見ないことです。

自分の発想の癖を知る

IQとは別に、あなたの思考に影響を与えるものがあります。私はそれを個人の発想の癖と呼んでいます。これは、基本的な人生への態度、世界の見方など無意識的で一貫性のあるものです。文化、生育環境、経験からくる発想の癖は、その人の思考、意見、選択、行動、変化を起こす力に影響します。

次のさまざまな発想の癖について考えてみましょう。自分に一番近いのはどれでしょう？　ときによって、ある発想の癖から別の発想の癖に揺れ動くことはあるものの、主なものがひとつあるはずです。それぞれに（否定派を除けば）長所があり、短所があります。自分の発想の癖に気づくことは、自分の視野を広げ、可能性を広げる機会にもなります。

> この世はわれわれの思考が描いたものにほかならない。
>
> マルクス・アウレリウス（ローマ皇帝、哲学者）

理想派　強く信じるだけで物事が実現すると考える人は理想派です。世界を善なるものと捉えており、自分が世界に貢献し、周囲の人々の役に立てることを疑いません。**弱点**：理想派は、人の言葉を何でも素直に信じるので、だまされやすいと言えます。疑問を呈したり、情報を集めたり、結果を考えたりする前に行動してしまいます。夢想家でもあり、物事が自然にうまく行くのを望み、実現のための努力を怠りがちです。何の魅力もない状況に置かれても「そのうちなんとかなる」と考えて、ずるずると留まってしまう傾向もあります。

挑戦：もっと疑問を呈し、自分の気持ちを確かめ、立ち止まって自分の行動や信念のもたらす結果を考えましょう。チャンスに飛びつく前に熟考を。

自分の発想の癖を知る

現実派 見かけや甘い言葉にだまされないのが現実派です。仮説に過ぎない夢物語や感情的な訴えよりも、事実と証拠によって説得されるタイプです。**弱点**：現実派は、行動を起こす前に成功の確証を得たがります。何かを信じて行動することや、物事を進めつつ臨機応変に解決していくことは苦手です。このため、自らチャンスを狭めていることも。**挑戦**：物事がどうなるかを予め細部まで見極められなくとも行動を起こす意欲をもつこと。不測の事態を受け入れること。

実利派　柔軟なものの見方ができるバランスの取れた人です。そのときどきで現実派、否定派、理想派、あるいは懐疑派にもなります。よく人からは合理的で判断力があると見られます。ただし、その判断は予め予測困難です。**弱点**：直観的に動くことはせず、決断を下す前に際限なく行きつ戻りつします。これが人間関係に緊張をもたらすことも。**挑戦**：行動を起こす前の考える時間に制限を設けること。ひとつの場合にはひとつのものの見方を選び、それを貫くこと。直観を研ぎ澄ますのもプラスになるかも。

懐疑派　群集の中でひとり疑いを投げかける人です。自分で見たものしか信じず、言葉だけでは納得しません。しばしば周辺に身を置き、考えていることを人に話しません。**弱点**：懐疑派は未知数のものに賭けようとしないため、やっと行動を起こしたときには手遅れとなることも。過ぎていくチャンスを見送ってしまいがちです。
挑戦：人や物事がときには外見を裏切らないのだという可能性を認めること。疑い深さから、自分のプラスになりうる行動にブレーキをかけないこと。

禁欲派　強い精神力を持った人ですが、感情を豊かに味わったり表現したりはしません。心の中を読むのは困難です。一般に「しっかりしていて無口なタイプ」です。**弱点**：人からはよそよそしく近寄りがたいタイプと見られがちです。**挑戦**：自分の気持ちに敏感になり、その表現の仕方を工夫すること。人に心を開くことの効果をあなどるなかれ。

感覚派　人生の見方がユニークな人です。状況や行動の「エネルギー値」、つまり、「気が乗る」かどうかが彼らにとって最も重要なことなのです。**弱点**：エネルギーに気を取られ、他人の目には明らかな事実や徴候、結果が目に入らないことも。現実離れして見えることもあります。**挑戦**：より実用的で現実的な側面に、ありうることより、ありそうなことに目を向けること。結果を考えること。重要な局面では現実的な見方のできる友人の意見を聞くこと。

否定派　他人に誠意や正直さを期待しない人です。良いことなど起こるわけがないと思い込んでいます。**弱点**：マイナス思考の持ち主とも言えるでしょう。人生で最も鮮烈な喜びを逃してしまいがち。
挑戦：生きることの素晴らしさに目覚めること。この世には素敵な人々もいるし、素敵なことも起こるのです。マイナス思考をやめ、パワー・シンキングを身につけましょう。

> 奇跡を信じない者は現実主義者ではない。
>
> アンワル・サダト（元エジプト大統領）

自分の発想の癖をチェックしてみよう

自分の発想の癖が分からないなら、次の場面を思い浮かべてみよう。ある夜、あなたは次の宝くじを当てる妙に鮮明な夢を見た。当たり番号が驚くほどはっきり見え、目覚めても記憶に残っていた。そこであなたは？ (a)「ただの夢だ」と思ってすぐに忘れる、(b)ナンセンスだと思いながらも、その番号が出ないかちょっと気になる、(c)結果には期待しないが、外れても損はないからその番号に賭けてみる、(d)その夢に大いに興奮し、さっそく出勤前に宝くじを買いに走る。この答えによって、あなたはおそらく(a)否定派、(b)懐疑派、(c)実利派、(d)感覚派だ。

自分の基準で人生を生きる

幸せでない感じ、ときどき襲ってくる人生の停滞感は、私たちが自分の望むものを望むこと、とくに自分が持っている以上のものを望むことを、なぜか良くないことだとひそかに思い込んでいるせいであることが少なくありません。強い欲望を持つべきではないと思っているのです。「～べき」と考えているときは要注意です。この言葉は価値判断を意味します。新しい服を買うべきだ、台所を掃除すべきだ、パーティーに行くべきだ、誰かを夕食に呼ぶべきだと考えるのは、まるで、あなたに対して社会や両親やパートナーその他の現実ないし仮想の存在から寄せられている（とあなたが考える）期待に応えているかのようです。

あることをすべきだ、あるいはすべきでない、という信念は、生まれや教育、環境によって形作られます。何が正しくて何が正しくないかという感覚の鋳型は他者が作ったものなのです。泥靴でカーペットの上を歩くべきではないということは両親から学びます。レストランでチップを渡し、人に紹介されたらあいさつすることは、社会一般の慣習から学びます。

パワー・シンキングに向かう重要な一歩は、人の基準ではなく、自分の基準で（このふたつはある程度重なりますが）自分の人生を生きるのだという決意です。お店で何か品物を買った場合は、それを試してみて自分なり自分の家なりに合わないとわかれば、自由に返品できます。それと同じで、あなたには、子供のときから両親をはじめ、他者から学んできた基準を疑ってみる権利があるのです。

今度、「絶対にこうすべきだ」とか「こんなことできない」と思ったら、

人生とは自分を探すことではなく、自分を創ることだ。

エドガー・アラン・ポー（アメリカ、作家）

ちょっと立ち止まって「なぜだろう?」と自問してみましょう。答えは明瞭なときもあるし、それほど明瞭でないときもあるでしょう。泥靴でカーペットの上を歩くべきでない理由は明白で、そんなことをしたら誰か(たいていは自分自身)が、時間と労力とおそらくお金を費やしてカーペットの掃除をするか取り替えるかする羽目になるからです。けれど、上司と対等の立場で話をしてはいけない理由は何でしょうか? 最近、あなたが挙げた成果を上司に思い起こしてもらうのがなぜいけないのでしょうか? 昇給のお願いをすべきでない理由はあるでしょうか? まさか、答えは「上司が怒って私を怒鳴りつけ、クビにするぞと脅すに違いないから」ではないでしょう。もしそうだとしたら、もうひとつの問いかけをする権利があるはずです。「なぜ、そんな上司のもとで働きつづけなければならないのか?」

　自分にとって正しく、他者に危害や動揺を与えないことがあるなら、ためらわずに実行しましょう。自分こそが自分の未来を描く著者であると信じるのです。人生に何か心から満足できないことがあるなら、あなたにはそれを変える方法を探る自由があるのです。あなたが望んでいるものを望んでいいのです。さあ、それを手に入れるために一歩を踏み出しましょう。

周りからの刷り込みに気づく

私は自分の知っているものを恐れはしない。
アンナ・ソーウェル
（イギリス、作家）

　私の祖父ふたりは、南イタリアから移民としてアメリカにやってきました。渡米当時、ひとりはビストロでオペラの歌曲を歌い、もうひとりはレモンの加工工場で働きました。自分の血の中に流れる誇り、イタリアの文化と料理への愛とともに、私は両親を通じ、ふたりの祖父から古くからのイタリア的な価値観を受け継ぎました。それは強烈な家族の絆、地域社会への貢献を重んじる気持ち、成功には刻苦精励が欠かせないとの信念などです。

　こうした考え方は、言葉と行動と心的エネルギーによって私に伝えられました。これを私は祖先による刷り込みと呼んでいます。刷り込みとは、外部からの影響によって、こぼした赤ワインが白いテーブルクロスに染み込むように何らかの考えが浸透することです。洗濯を繰り返すうちに染みは薄くなりますが、ワインの跡はいつまでも布の一部となって残ります。あなた自身の祖先による刷り込みについて考えてみましょう。ご先祖は工場労働者、農民、奴隷、兵士、銀行家、それともパン屋だったでしょうか。自分の性格や信念のどの面が祖先から受け継がれたものでしょうか。このエクササイズは、自分が誰で、どこから来て、他人とどこが違うのかを考えさせてくれる自己分析の方法として役立ちます。

　祖先からの刷り込み以外にも、別の刷り込みがあります。両親からの刷り込みは祖先からの刷り込みを強化するものである場合もしばしばです。しかし、もちろん私たちの大半は、祖父母の人生よりも両親の人生について、多くを知っています。両親がいつもけんかばかりしていたなら、結婚や男女の関係は傷つけ合うものだという考えが浸透

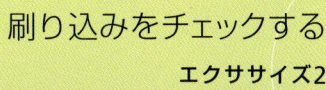

刷り込みをチェックする
エクササイズ2

自分の頭と心と魂に影響を与えている刷り込みを探るため、少しばかりの時間をとって以下の問いに答えましょう。グループで人と話し合ってもよいし、他の人と比べて共通点や相違点を考えるのもいいでしょう。

1. あなたのジェンダーに特有の理想として、主にどんなものがありますか？
2. あなたはどの世代に属しますか？　その世代の理想は何ですか？
3. あなたの両親はどの世代ですか？　その世代の理想は何ですか？
4. あなたの世代と両親の世代は、第二次世界大戦、性革命、女性解放運動などの歴史的な出来事により、どんな影響を受けましたか？
5. あなたと両親の文化や民族性は？　その文化に特有の理想は？
6. ほかに学んだ文化は？　それはあなたにどう影響していますか？
7. 今、住んでいる都市や地域の理想は？　その理想は、生き方に関する考え方にどう影響していますか？
8. 自分にもはや役立たないと思う理想や態度を捨てたいと思いますか？

してしまっているかもしれません。心配性の父親、あるいは支配的な母親を持った人は、それが心象風景に忍び込んでいるかもしれません。

　ジェンダーの刷り込み——男女の関係についてあなたが受け取ったメッセージ——も、大きな影響を持ちます。ほかの要因として、学校教育(ひとりの教師という場合もある)、友人関係、仕事、偶然による人や考え方や場所との出会いなどがあります。こうしたものが私たちのものの見方、私たちの眼に映る世界、私たちが歩いてきた道を彩っているのです。

　この「私たちが歩いてきた道」というフレーズは重要です。これは文字通りの意味、私たちが過去から現在まで、どんな道をどうたどってきたかを表わします。自分に染みついた一番圧倒的な視点が何かが明らかになれば、自分の最善の利益のために、それを大切にするか拒絶するかはあなた次第です。

　たとえば、自分のものの見方に堅苦しさを感じたら、厳格さを避け、義務、結婚、快楽についてもっとリベラルな態度を取ろうと決めることもできるのです。堅苦しい要素が、追い出せない下宿人のようにあなたの中に棲みついているというわけではないのです。厳格主義は、身近な行動パターンに過ぎません。これがある状況に反応して無意識に現れることがあります。けれど、あなたはこうした態度から逃れられないわけではないのです。頭のどこかであなたを急き立てる刷り込まれた声に従うのが嫌なら、別の行動を取ればいいのです。その声がどこから来るかがわかれば、その声に従うことが充実した人生に至る道だなどという勘違いも減るはずです。自分自身を知り、自分のほんとうの内なる声に耳を澄まし、その声の導くほうへ進みましょう。

> 好きなだけ考え違いをするがいい。だが、どんな場合も自分の頭で考えることだ。
>
> ドリス・レシング
> (イギリス、小説家)

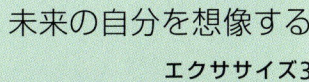

未来の自分を想像する
エクササイズ3

あなたの祖先も未来への夢を持っていたでしょう。移民ならなおさらです。あなたの刷り込みには、こうした夢が含まれているはず。たとえ、人生の目標はまったく別のものでも、そこに意識を向け、そのパワーを活かしましょう。真に充実した自分をあなたはどう描きますか？ このエクササイズはそのビジョンを信じるためのものです。

1. **未来への旅。**何かを達成した未来の自分を心に描きます。初めての小説がエージェントや出版社に認められる、恵まれない人々のためにした仕事で感謝される、といった場面です。その未来像に1分ほど浸ってください。なぜ成功をためらうのですか？

2. **過去への再訪。**子供のころからあなたが達成してきたこと、身につけたスキルをすべて思い出しましょう。これまで、あなたはひとつの道を選んで歩いてきました。ここで自分の夢に向かって踏み出してはいけないと考える理由は？

3. **潜在能力の投影。**もう一度、未来の達成に戻り、それを動機付けのシンボルと考えましょう。人生は描いた通りにはならないものです。けれど、そのシンボルを励みとし、それを信じて進めば、あなたにふさわしい未来がきっと開けるでしょう。

何を変えるか決める

変化は決意のあとに訪れるもの。変わることへの決意は一瞬のうちになされるとしても、その決意も、ふつうは選択肢が明らかになってから訪れます。いろいろな可能性を探るため、頭だけでなく心の声に耳を澄まし、自分の人生でしっくりしないこと、何か変えたいことを明らかにし、わかったことを書き留めてみましょう。

この目的のためと、この本のエクササイズで使うため、新しいノートを1冊用意しましょう。これがあなたの「パワー・シンキング・ジャーナル」になります。このジャーナル（日誌）には、自分にとっての真実を書きます。なんといっても、発想法を変えることは人生の重要なステップです。これは、自分の気持ちや目標を整理し、言葉にならない思いを表現する素晴らしい方法です。

ジャーナルは安全で身近な場所、たとえばあなたの「思索空間」（参照→34頁）にしまいましょう。ジャーナルに書き込む時間を作りましょう。これをパワーを生む毎日の習慣（参照→48頁）とするか、毎日ではなくても定期的に行ないましょう。一回15分とか30分とか時間を決めて書いてもいいし、2分の1頁とか1頁とか量を決めて書いてもいいでしょう。書くときは、自分が明らかにしたいことがノートの頁に表われると信じて書きましょう。思いつくまま自由に書くことに慣れましょう。文法や句読点や誤字脱字を気にしないこと。推敲もしないこと。自分が書いていることがほんとうかどうか自信が持てなくても気にすることはありません。それどころか、意味の通らない文章であっても構わないのです！　大切なのは、とにかく自分を表現すること。それさえやっていれば、意味や真実や明瞭さはいずれあとからついてくるものです。

> 変化は可能であり、予測可能なだけではない。変化を否定することは、自分が無為に生きることと同罪である。
>
> ゲイル・シーヒー
> （アメリカ、作家、社会評論家）

変化への6つのステップ
エクササイズ4

この6つのステップは、あなたが何を変えたいかをはっきりさせるためのものです。答えはパワー・シンキング・ジャーナルに書きましょう。そして、変化を形にしましょう。

1. **「もっと」のリストをつくる**。あなたの人生にすでにあるが、もっとほしいものを挙げます。それは瞑想、スパイ小説、セックス、スポーツ、ビールを飲んで一息いれる時間？ 評価も編集もしないこと。人生を楽しみたいと望むことは貪欲でも刹那的でもありません。
2. **「ほしいもの」のリストをつくる**。あなたが持っていなくてほしいものを、内面の平和から象牙色のカーテン、目立たない歯列矯正器まで、なんでもリストアップします。ここでも、評価や編集はしません。
3. **「幻想の変化」のリストをつくる**。もし可能ならば人生をこう変えたいと思うことをすべてリストアップします。どんなに突拍子もない考えでも気にしないこと。
4. **「心のパワー」をオンにする**。すべてのリストをもう一度読みます。何が見えてきますか？ 本能的に目が行くのは何ですか？ 実現されたいと叫びを上げているのはどの変化ですか？
5. **選んで決める**。変えたいことを選び、それを変えようと心に決めましょう。実現の方法さえわからなくても構いません。心を決めること自体がパワフルな最初の一歩なのです。
6. **つながりを保つ**。毎日リストを眺めて、変化を心の最前列に置きます。リストに足したり引いたりもOK。書いたことに繰り返し意識を注いでいれば、変化は予期したより早く簡単に訪れるものです。

チャレンジすべき領域を知る

ジムでトレーニングするとき、体の一部を鍛えるには、その部分だけを独立させて訓練するテクニックを使います。それを何度も繰り返すことでその部分が強くなるのです。人生も、肉体と同じです。すでに強い部分（「パワーのありか」）もあれば、もっと強くしたい部分（「チャレンジ・エリア」）もあります。

パワーのありかは、人生において私たちが自分を有能に感じ、自信をもち、充実し、リラックスし、心から生き生きとし、結果を出せる領域です。チャレンジ・エリアは不満やフラストレーションを覚え、答えがないように思い、よい結果が出せない領域です。そこでは自分が場違いで無能で愛される資格さえないように思えるために、私たちはチャレンジ・エリアを敬遠しがちです。

自分のパワーのありかとチャレンジ・エリアを知ることが大切です。チャレンジ・エリアをあまりにも長く顧みないでいるとパワーのありかも弱ってしまうことがあります。健康をおろそかにしていると、仕事や家庭や人生のほかの面にまで影響が及ぶのと同じです。

チャレンジ・エリアをパワーのありかに変えようと思ったら、一定の居心地の悪さは覚悟しなければなりません。たとえば、太りすぎの人なら、ジムに行くことを考えただけで気が萎えるかもしれません。実行に伴う物理的・社会的な居心地の悪さにめげないためには、未来を軽視するというよくある落とし穴を避けることです。「今を生きよ」とよく言われるため、未来の利益は遠く離れたものに思えます。けれど、未来は確実にやってきます。今、努力していることの結果は必ず現実になるのです。

以下に挙げる人生の主な領域を見てみましょう。あなたのパワーのありかは？　そして、チャレンジ・エリアはどれでしょう？　それぞれの領域について、「私はこの領域に相応の力を注いでいるだろうか？」と自問してみてください。

仕事　仕事面が強力なパワーのありかになっている人は、自分のキャリアを楽しみ、仕事から高い満足感を得ています。チャレンジは、自信のなさ、働きすぎ、正当に評価されない不満、仕事のつまらなさ、退屈さ、きつさから来ます。

大切な相手　愛情、情緒的な支え、スキンシップ、いっしょにいる喜びは言うまでもなく素晴らしい面です。チャレンジは、まず適切なパートナーを見つけること、パートナーのいる人なら、関係をいかに充実させるかです。

友人や家族　友人や家族がパワーのありかだという人は、情緒的なつながり、支え、理解、信頼を味わい、人と人との相互作用を楽しめます。チャレンジは、内輪の争い、裏切り、コミュニケーションのまずさ、嫉妬や憤りといった感情です。

休養と娯楽　年に一度の休暇だけが休養ではありません。年間を通じて定期的にくつろいだり楽しんだりすることも含みます。一番いいのは、楽しめて社交的で健康的な活動です。チャレンジは、とにかく共通の趣味を持つ仲間を見つけること。それはスキューバ・ダイビングでも山登りでもオペラ鑑賞でも本や映画について語り合うことでも構いません。あるいは、自分が満足して取り組める新しい活動を見つけるのもよいでしょう。

物理的環境 家、庭、車、オフィス、タンスの中身など、周囲の環境をおろそかにすると、気が滅入るだけでなく、自己評価にも悪影響があります。環境への誇りは強みになります。家が散らかり放題でカオスの一歩手前というのは、人生の重要な一側面——自分と環境との関係——への配慮が不足しているしるしです。

健康と体力 あなたの食事、体重、活力は、あなた自身はもちろん、周囲の人々にとっても重要です。自分の健康について先手型で行動するなら、健康的で活動的なライフスタイルと健康一般に対する正しい知識、そして、定期的な健康診断の組み合わせがベストでしょう。チャレンジは、運動不足、偏食、さまざまな嗜癖（カフェイン、アルコール、鎮痛薬など）です。

自己成長 人生は単に生きるだけではなく、成長するためのものでもあります。最も幸福な人は、学び続ける精神と、求め続ける魂を持ち、常に輝いている人です。この面でのチャレンジは、向かうべき方向の見えないこと、過去の失望を認め、そこから学ぶこと、状況の変化に応じて目標を修正することです。

金銭 上手にお金を（あるいは借金を）管理することは、良い収入を得ることに劣らず重要です。健康的なやり方は、お金を自分のために活かすこと、リスクとチャンスの両方を知ることです。不健康なやり方は、支払いや記帳の仕方が非効率なこと、お金を雨か何かのように予測不能のものとして扱うことです。

霊性 霊性とは、精霊、神、宇宙、その他、何であれ、あなたの信じる高次のエネルギーとのつながりです。自分の信じるものを言葉で表わしてみるのはよいことです。絶望的な空しさに蝕まれているなら、ここがあなたにとって力を注ぐべきチャレンジ・エリアかもしれません。

> 人は物事をあるがままに見ない。自分のあり様のままに見る。
>
> アナイス・ニン
> （フランス、作家）

チャレンジすべき領域を知る

パワー領域を広げる
エクササイズ5

あなたはまず行動を起こそうと自分に誓いを立てたはず。さあ、その意志を実行に移すときです。人生で何かを変えたいのなら、何もしないでいるのはばかげていませんか？

1. パワー・シンキング・ジャーナルに、人生の主な領域ごとに自分の現状を書きましょう。どの領域が自分にとって最も不安やフラストレーションやストレスを感じるチャレンジ・エリアなのか、自問してみましょう。

2. とくに何とかしたいチャレンジ・エリアをひとつ選びます。これは、現状を打破するために特に力を注ごうと思う側面です。

3. そのチャレンジ・エリアの中で、困っていることをすべて書き出します。たとえば、チャレンジ・エリアが金銭なら、支出をほどほどに抑えられない、支払いがいつも遅れる、知識の不足や気後れから専門家に相談できないなどのトラブルがあるでしょう。

4. チャレンジ・エリア内の困りごとをひとつ選び、それに取り組みます。(たとえば、投資アドバイザーが使いそうな専門用語の説明を読んで覚えるなど。)ひとつ終わったら、リストに戻り、別の困りごとに向かいます。このチャレンジ・エリアが自分のパワーのありかになったと感じるまで、これを繰り返します。一歩一歩進むことで目標が近づきます。

感情をきりかえてハッピーになる

　自分の感情をないがしろにしていると、悩みや悲しみに捕われ、イライラし、それに気づかないことすらあります。自分のためにならないことを不用意に言ったりしたりし、意志決定が困難になり、その理由さえわからないこともあります。自分の感情への認識を深めるために、一日に何度も自分の感情を確かめてみましょう。まず、深呼吸を1回します。それから、今の気持ちを自問するのです。答えがすぐに浮かばなければ、もう1回深呼吸して同じ問いを繰り返します。そうすれば、答えはたいてい浮かんでくるはず。それでもダメなら、パワー・シンキング・ジャーナルを取り出し、感情を文章で表現しましょう。感情を意識することは、自分にとっても人にとってもあなたが確かにそこに存在することを意味します。もっと広い範囲で言えば、あなたにはふたつの選択があります。自分の感情を消すか修正すること、あるいはよりハッピーになれるように行動を起こすことです。現実に、適切な反応はしばしばこのふたつを合わせたものでしょう。

　自分が何を感じてもそれを理由に自分を評価してはなりません。どんな感情も正当なものです。自分が人をうらやんだり嫉妬を覚えたりイライラしたりしているなら、それはまったく理解しうる感情です。自分がそう感じていることに目を留め、隠れた原因を考えてみましょう。最初に思ったより根は深いかもしれません。だからこそ、実にささいなことが口論のタネになったりするのです。たいていは何か深いわけがあるものです。ことによると、それはあなたの目から見て、いつもああしろこうしろと指図されるとか、相手が偉そうな態度をとるといったことへの鬱憤かもしれません。自分の感情の根っこを探ってみましょう。

　自分の感情に気づき、何の評価をまじえずにそれを認めれば、それはそれと片付けて先に進むことができます。友達があなたの誕生日を忘れているからといって、傷ついた気持ちを抱え込んでいたら関係が気まずくなるだけです。感情にけりをつける方法には次の選択があります。その感情をあるがままに認め、それで終わりにするのもいい方法です。また、よく考えたうえで何らかの行動を起こすこともできます。その場合、感情が結果的に自分を元気にする役目を果たしたわけで、やはりすっきり忘れることができます。

　失望やフラストレーションを理由に目標追求をあきらめたり、一時の感情にまかせて性急な行動に出たりしたのでは、感情に支配されていることになります。それより、感情の主人になりましょう。まず、一歩退いて言い分を言わせます。けれど、感情だけに気を取られていてはいけません。感情の役目はあなたの邪魔をすることではなく、助けることのはず。ハッピーになるためには、感情を認め、思いやりをもって自分に問いかけることです。「さあて、これをどうする？」答えに耳を澄まし、それに従いましょう。

成長のための空間

幼いころ、木の上にツリー・ハウスを作ったり、人形の家で遊んだり、裏のポーチの床下を隠れ家に仕立てたりしたことがありませんか？ それは遊んだり考えたりして、ひとりきりの上質の時間を過ごす空間だったことでしょう。

昔から、人は生活や仕事に、特定の目的をもった空間をあててきました。眠るために寝室を、料理するために台所を、ビリヤードには奥の小部屋を、思索には瞑想室を、仕事や読み物には書斎を、といった具合です。自分にとって大切な活動には、専用の空間があってしかるべきです。同じことがパワー・シンキングについても言えます。そこで、私はパワー・シンキングを主たる目的とする特別の空間――部屋の片隅でも構いません――をぜひ用意することをお薦めしたいのです。この空間はあなたの「思索空間」です。つまり、成長するため、プランを練るために行く場所、前に向かって進むための場所です。

このパワー・シンキングのための空間が持つただひとつの目的は、創造と内省です。それは静かでプライベートな空間になるでしょう。思索空間の壁には、過去の業績を思い出させてくれる卒業証書の類を飾るのもよいし、アインシュタインやマーチン・ルーサー・キングなど好きな人物のポスターを貼るのもよいし、自分の目標や野心を具体的な形にしたもの（参照→79頁）を飾ってもよいでしょう。シンプルに、インスピレーションをかき立てる引用句のみに留めるのもよいでしょう。何かの困難、問題解決、行動の選択などに迫られたとき、こうしたイメージや言葉が、自分が誰かを思い出させてくれるでしょう。それによって地に足をつけ、直感に耳を傾け、内なる知恵と力を発動させるのです。

> 私は荒野に分け入り、そこにふるさとを見出す。
>
> チャイナ・ギャランド（アメリカの作家、博物学者）

成長のための空間

自分だけの思索空間をつくる
エクササイズ6

以下の各ステップは、思索空間——あなただけのパワー・シンキングのための空間、人生のマスター・プランを立てる場所——を作るのに役立つでしょう。

1. **どこがいいでしょうか？** 静かでプライベートな空間（自宅内や職場の自分のオフィス、クローゼット、ガレージ、屋根裏部屋、ポーチなど）なら、机ひとつでも、囲んだ部屋の一角でもOKです。
2. **創造的思考の助けになるものを置きましょう。** パワー・シンキング・ジャーナルのほかに、何冊かの本、インスピレーションを与える品物もいいでしょう。
3. **思索空間をあなただけの聖域にしましょう。** 計画立案、創造的な解決を探る作業、調べ物、休息、元気が出る娯楽などに使いましょう。この本のエクササイズも思索空間で行なうのに最適な活動です。思索空間を、請求書の支払いを済ませたりテレビを見たりといった、この空間の持つ特別な意味にそぐわない用途に使わないこと。
4. **思索空間で過ごす時間を確保しましょう。** 日に、あるいは週にどれだけの時間を思索空間で過ごすか決め、その決意を貫きましょう。

予測より行動

フォーク・シンガーのジョーン・バエズは「行動こそ絶望への対抗手段だ」と言っています。何かに悩んだり人生に物足りなさを感じたりしたときの適切な対抗手段は、常に行動です。たとえ、その"行動"が公園のベンチに腰かけて、魂の声に耳を澄ませることであっても。

私たちが行動を起こさないのは、たいてい、何もしないほうが傷つかずにすむからです。パーティーに行って楽しみたいけれど、知らない人ばかりで誰も話しかけてくれないかもしれないから、あるいは別れた恋人が新しいパートナーを連れて来ているかもしれないから、だから家に閉じこもっているという具合です。この状況は、私たちの中に染みついたありきたりな思考パターンを反映しています。常に物事は悪いほうに転がり、自分が望むようにはならないと予測し、ネガティブな結果を想像してしまうという思考パターンです。

その解決には行動が一番です。悪い結果を予想するのは、たいてい知識そのものより、理由のない恐れに基づいてそうするのです。気の進まなさを乗り越えて行動すればするほど、物事は意外に良いほうに展開するものだということに気づくはずです。ほどなく、悪い結果を想像するのをやめ、良い結果を思い描けるようになるでしょう。

人生において、恐れや不確実さから行動に踏み出せないという状況がありませんか？ ひとりでいるのはもっと悪いとか、もっと良い相手など見つからないと思って、自分にふさわしくないパートナーとの関係を解消できずにいた経験はありませんか？ 運動のプログラムを、続ける自信がないからといってスタートできなかったことは？ 物事がうまく行かないだろうと想像して何もしないことを選んだのはどんな領域でしょう？ 自分の予測の間違いを証明するため、行動を起こしましょう。

> 最初は必要なことから始め、次にできることをやりなさい。そうすれば、いつしかできなかったはずのこともできているでしょう。
>
> アッシジの聖フランチェスコ（イタリアの修道士）

予測より行動

足をひっぱる考えを捨てる
エクササイズ7

ものの考え方には、あなたの役に立つものと足を引っ張るものがあります。自分自身や人生について自分が持っている考えや思い込みのうち、行動を起こし、幸福を味わい、やりたいことを実現する妨げになっているものを突き止め、一掃しましょう。

1. 主な夢と目標、人生において実現したいこと、そうなったらいいなと思うポジティブな状態などを書き出します。
2. 別の紙に、自分の成長を阻み、足を引っ張る考えや思い込みを書き出します。「この歳では遅すぎる」「誰も私なんか相手にしない」「うまく行くはずがないのにやるだけムダ」といったことです。深呼吸をひとつしたら、書き直したりせず、心に浮かんだことを次々に書いていきます。3分間、あるいはネガティブな考えが全身から出尽くすまで続けます。深呼吸をもう1回。さあ、もう書き忘れはありませんね？
3. すっかり出し尽くしたら、声に出して読んでみましょう。そのとき、それぞれのネガティブな考えの前に、こんなフレーズをつけて。「私は自分の足を引っ張っている次の考えを人生から解き放ちます」。そう言いながら、その考えが去っていくのをイメージします。
4. 全部言い終わったら、ネガティブな考えを書いた紙を破棄しましょう。小さくちぎって燃やします。そうやって再度、ろくでもないその考えを人生から一掃するのだ、と肝に銘じます。これで、足かせを解かれた夢と目標だけが残りましたね。

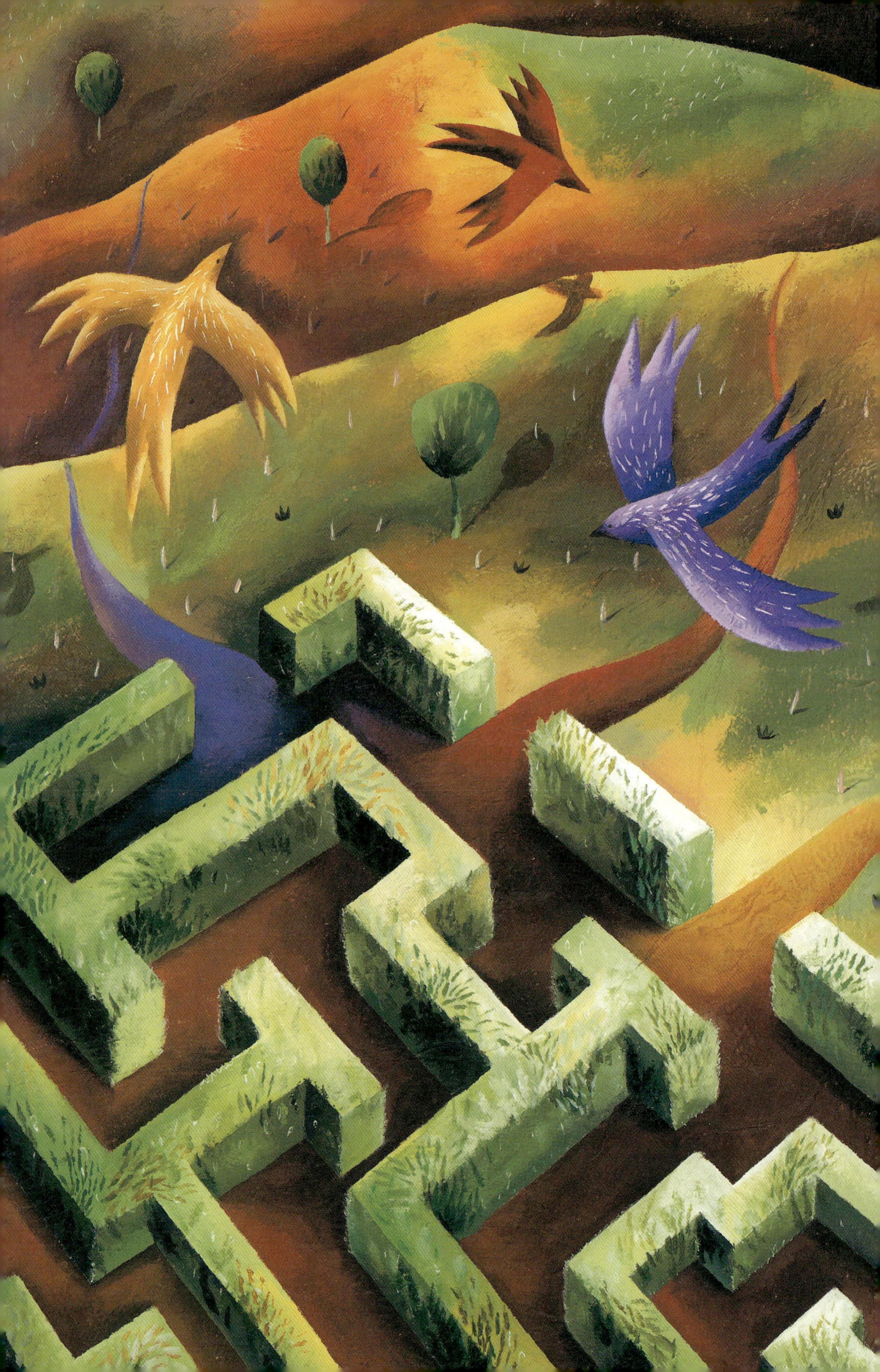

心のパワーを
行動に結びつける習慣

第2章

　「考えるべきことは、もう十分に考え尽くしだろうか」という言葉をよく耳にします。精神は確かに私たちの望みを形にするパワフルな道具ですが、精神的なパワーは行動と結びつかなければ役に立ちません。

　アイルランドには、「頭で畑は耕せない」ということわざがあります。人生について考え、変化を起こしたいと考えることは、スタートに過ぎません。それを行動に移してこそ、魔法が起こり、結果が現われ、心に抱いていたことが正しかったこと(あるいは間違っていたこと)が証明されるのです。

　このパワー・シンキングの冒険は、新しい視点を生み出し、人生のまったく新しい可能性につながる一歩を踏み出すため、心のパワーを具体的な行動に結びつける試みです。あなたの求めるものが何であれ、パワー・シンキング・ジャーナルとペンを武器に、自分がやりたいことを明らかにする時間を持ちましょう。そして次には、あと少しの時間を割いて、望みを現実のものにするために必要な行動を起こすのです！

決意を固める

　新しいミレニアムの訪れを、私はペルーの山懐に抱かれた名高いマチュー・ピチューで迎えました。世界有数の聖地とされている場所です。ここで私は何人かのシャーマンとともに1週間を過ごしました。シャーマンは僧侶に似た賢人たちで、色鮮やかな衣をまとい、穏やかな笑みを浮かべていました。シャーマンは儀式を執り行ない、神秘的で謎めいた言葉で知恵を授けてくれます。その言葉が何を意味するのか、自分が現実に置かれた状況とどう結びつくのか、言われた人が深く考え始めるような言葉を与えるのです。

　シャーマンは多くの人々の人生に導きを与えてくれます。シャーマンは「行動プランを立てなさい」とか「戦略を書き出しなさい」とは言いません。その代わりに、「意志」について語ります。意志とは、目的であり、欲求であり、私たちが実現を望む何かです。シャーマンは儀式を通じて意志を「固める」ことを助けてくれるのです。

　意志は、たとえ、どうすれば可能かがわからなくても、とにかく人

> 変化は起こる。ただし、それを起こす必要はある。
>
> パトリシア・マクラクラン（アメリカの作家）

意志を固める儀式

意志を「固める」にはいろいろな方法がある。山の頂に立って、周囲の木々や空に向かって決意を述べるのもいい。人生から一掃したいネガティブなことを紙に書き、海辺で砂に埋めてもいい。水で手を洗い、人生から孤独を洗い流すという意志を明確にするのもいい。ろうそくに火を灯し、内面の平和を培う意志を新たにするのもいい。

意志はそれ自体にパワーがある。自分が変化と再生に本気で取り組むということを自分自身に、そして宇宙に向かって宣言する方法なのだ。大切な意志を考え、それを高らかに宣言しよう。

意志を固める

生にその何かをもたらすことに私たちの注意を向けさせてくれます。あなたの求めるものは、心から気の合う相手かもしれないし、職業上の新しい展望かもしれないし、何らかの病気の治療法かもしれません。強い意志を固めたとき、あなたは望みに向かって動き出したのです。このとき、あなたの心の真髄(と宇宙のエネルギーそのもの)が活性化され、あなたの探求を助けてくれるのです。

ペルーのある共同体では、儀式の一環としてコカの葉を3枚渡されることがあります。渡されたら、それを唇に近づけ、自分の意志をそこに吹き込むつもりで息を吹きかけます。それから、ほかの人にこの葉を差し出します。すると、その人もまた同じように息を吹きかけてほかの人に回します。ほかにもたくさんの葉を渡され、それを同じようにして回していきます。それは自分の意志に命を吹き込み、それが生み出されるように世界に送り出すかのようです。

もちろん、自分の意志を明確にする方法として自分だけの儀式を工夫するのもよいでしょう。正しい方向付けに役立つヒントを、左頁の囲みに挙げました。

41

行動も先手必勝

思考とは、人生や人間関係や計画や周りの世界について答えを出すための心の働きです。心によるどんな活動も——考え、プランを立て、選択し、決定するなど——後に行動が伴わなければなりません。行動の伴わない思考など、料理人のいないレシピのようなものです。

行動には2種類あります。自由に選ばれ、意図的に実行される行動は先手の行動です。何らかの外的な要因に反応して起こす行動は後追いの行動です。さらに、第三のタイプとして、まったく何もしない、無為または受け身の状態もあるとも言えます。

言い換えれば、先手の行動はあなたが何かを起こすこと、後追いの行動は何かがあなたに振りかかってくることです。後追いの人はたいていの場合、事が起きる前にはあまり物事を深く考えません。これはフラストレーションや落ち込み、人間関係の破綻、人生の制御不能、その他のネガティブな結果につながります。

誰の人生にも、自然に先手で動ける部分と、後追いになりがちな部分があるのではないでしょうか。たとえば、家族に対してはどうしても後追いになってしまって、きょうだいが口にした何気ない不用意なひとことに、かっとして言い返したり、そこから延々と口論が始まったりするかもしれません。けれど、仕事に関しては先手で動け、常に三歩先を読み、次にすべきことは何かを考え、困難が実際に起こらないうちにそれを予期して動けるかもしれません。

いつもあなたが何かについて不満をこぼしているなら、これを後追い型から先手型に変身するチャンスと捉えましょう。たとえば、あなたが独身で、いい相手と出会えないことが不満なら、どんなふうに先

> 命がある間に生きようではないか！
>
> ゲーテ（ドイツ、作家、哲学者）

先手タイプか後追いタイプか？
エクササイズ8

次のクイズに答えて、自分が先手タイプか後追いタイプか無為タイプか確かめましょう。

1. 親族の集まりで知らない人を見かけました。あなたは？　A. 自分から声をかけて名を名乗り、家族との関係を確かめる。B. 誰かにあれは誰かと尋ねる。C. ほかの人との会話を立ち聞きして情報を探る。

2. 新しい新聞配達の青年がここ1週間ばかり、新聞を気に入らない場所に置いていきます。あなたは？　A. 次の配達のときに本人をつかまえて直接こちらの希望を伝える。B. 近所の人に不満をもらす。C. そのうち分かるだろうと放っておく。

3. ある人と3回デートしてみて、自分としては付き合っていくつもりがないことがはっきりしました。あなたは？　A. デートのお礼を言い、お付き合いはしないと伝える。B. 前の恋人とよりを戻したからと嘘をつく。C. 電話がかかってきても返事をしないで放っておく。

答えがどれもAなら、あなたは全般に先手タイプです。Bなら後追いタイプ、Cなら無為タイプで、この場合、先手型の行動を学べば得るものが多いでしょう。

手型で行けばこの状況を変えられるか考えてみましょう。問いかけをしてみて、初めて答えが得られるのです。結婚している友人全部に自分がいい人を探していることを言って、あなたに合う知り合いの独身の人を紹介してくれるように頼むのもいいでしょう。職場で誰か気に入った人をデートに誘うのもいいでしょう。ジムで会った人に微笑みかける、何かの講座に申し込む、何か社交的な集まりに参加する、などもいいでしょう。また、新聞やインターネットに広告を載せるという方法もあります。もちろん、他の人が出した広告に答えるのも結構ですが、この行動は先手か後追いか境界線上でやや微妙です。けれど、あえてどちらかと言うなら、先手の側に入る行動です。いつもの生活から一歩を踏み出し、未知の領域へ飛び込む行動だからです。

先手で打って出れば、豊富な新しい経験が約束の地のようにあなた

先手ぶりに脱帽！

1896年にアメリカでは、女性がつば広の帽子にキツツキやフクロウなど奇抜な鳥の剝製を飾るのが流行した。人気のスタイルのひとつに、色とりどりの小鳥を10羽余り帽子全体にぐるりと配したものがあった。使われた小鳥の多くは絶滅に瀕する種だった。大量の鳥が殺されていることに怒りを爆発させたのが、婦人参政権運動でもすでに活躍していた、ボストンのハリエット・ヘミングウェイとミナ・ホールというふたりの女性だった。ハリエットとミナは先手型の行動に出た。ボストン市民の啓蒙に努め、資金を集め、政治家への陳情を行ない、野鳥保護を目的として（今も続く）マサチューセッツ・オーデュボン協会を設立したのだ。1903年に帽子業者が各種の鳥の羽根を売ったり保有したりすることを禁じる法案が議会を通過したのは、このふたりの功績によるところが大きい。

の前に広がります。この先手の考え方を身につければ、自分の望む人生を自分の手でつかみとることに大きく一歩近づきます。先手必勝の人々は、現状をそのままに受け入れません。現状を自分の望む状態に変えるために行動を起こすのです。健康的な先手型のライフスタイルによって、限りある命を長く健康に過ごせるばかりか、その年月に命の輝きを与えることができます。

　先手で動くことは、なにも状況に反応しないということではありません。むしろ反対に、状況の変化をすばやく読み取り、機を見てポジティブに対応し、そうした機をタイムリーにつかむことです。ここでタイムリーという意味は、性急に、ということではありません。早まった反応は先手型ではなく、後追い型の行動の特徴なのです。

　人生の主な領域について、自分がどの程度、先手で動いているか、総点検してみる価値はあるでしょう。あなたは自分で今の仕事を選びましたか？　それとも、仕事があなたを選んだのでしょうか？　家庭、友人、週末や休暇の使い方など、人生のほかの領域でも、この基本的な自分への問いかけを適当に形を変えながら試してみましょう。また、ほかの人との関係についても考えてみましょう。人に合わせてしまうほうですか？　それとも、自分が主導権をとることが多いですか？　大勢で何かを決めるときに何の意見も出せない人がいます。集団の中で目立つことを避け、誰かが次に進むべき方向を示してくれるのを待ってしまうのです。先手で動くということは、自分の考えを持ち、それに基づいて行動できることです。それはひとりの場合でも人と協力して建設的に何かをするときでも変わりません。

破滅型思考をやめる

人は劇的な解決策ばかりを探し求め、もっとシンプルで効果的な選択があることに気づかないために、行動を起こせないということがよくあります。これが破滅型思考です。カレンは郡内のカレッジの教育課程の監査役で、この仕事が大好きでした。けれど、昔、腰を痛めたせいで、遠方の学校に出張する長距離ドライブがつらくてしかたがありません。破滅型思考パターンを持つカレンは、最初、このつらさから解放されるには仕事を辞めるしかないと思い詰めていました。

破滅型思考をする人は、何かを手に入れるためには、代わりに何かをあきらめるほかないと考えます。この見方を変えましょう。「求めるものを手に入れるために、何をあきらめるべきか？」と考えるより、「今あるものをあきらめずに、求めるものを手に入れる方法は？」と問うほうがベターです。

カレンも、最終的にはそうしました。ほかの可能性を検討してみたのです。毎晩、車を運転して家に帰る代わりに、一度に2、3日まとめて出張し、モーテルに泊まることで運転時間を減らしました。特に遠方の学校については監査をインターネット経由で行ない、データの確認や聞き取りは電話で済ませ、実地調査は同僚に替わってもらうことにしました。カレンはこうしてほかの可能性を考えてみたおかげで、自分にとってこの仕事の一番の魅力が、カレッジの教育課程をより効果的に実施する手助けができる点であること、その部分なら、地域内のカレッジの現場でコンサルタントを務めることで十分可能なことに気づきました。破滅型思考をやめたことで、同じ仕事が働きやすいものになっただけでなく、仕事の満足感を高めてくれる新たなやりがいも

> 考え方を変えれば、世界が変わる。
>
> ノーマン・ヴィンセント・ピール（アメリカのメソジスト派指導者、作家）

破滅型思考をやめる

見つかったのです。
　ときには、誰でも破滅型思考に陥ります。そうなりがちなのが、自分にとって決定的に重大な局面に至った場合です。頭にかっと血が上り、すべての可能性を冷静に見渡すことができなくなるのです。こうした問題は前向きに捉えましょう。一方を得ればもう一方を失う、という最も極端な解決法は最善の方法とは言いかねます。破滅は悪夢と同じで、恐ろしさは空想によるものに過ぎません。

パワーを呼ぶ日課

気ぜわしい日常の中では、家庭を営み、仕事をこなし、人間関係を保つことに全精力を費やすことになりがちです。そしてしばしば、一番大切な関係、すなわち、自分自身との関係をおろそかにしてしまいます。常に緊張を強いられ、ストレスがかかり、気落ちする状況が襲ってくるため、魂をなぐさめる時間が必要になります。

あなたは自分を行動力あふれるエネルギッシュな人間と考え、無為に甘んじるなどもってのほかと思っているかもしれません。でも、ちょっと待ってください。正しい心構えで臨むなら、無為はただの甘えではありません。私たちは誰でも何らかの方法を見つけて、日々の外的なプレッシャーからしばらく逃れ、内なる聖域、存在の中心にある穏やかで静かな場所とのつながりを回復する必要があるのです。自分のためにこうした時間を工夫しましょう。私はこの時間を「パワーを呼ぶ日課」と呼んでいます。元気が出るこの名前が、どんなに控えめに見えても、実は建設的なことを行なっているのだということを思い出させてくれます。家庭でも職場でもよいので、思索空間で考えたり、瞑想したり、パワー・シンキング・ジャーナルを書いたり、前向きなアファーメーションを唱えたりして過ごす時間をとりましょう。パワーを呼ぶ日課は、精神面の思索と肉体面の運動を合わせたヨーガや気功や太極拳のようなものでもよいでしょう。

ほかにパワーを呼ぶ日課としては、チャンツ、歌、ストレッチング、水泳、浜辺の散策、犬の散歩、公園の鴨の餌やりなどが考えられます。このうちのいくつかは、いかにもありふれた陳腐なことのように思えるでしょうか？ だとしたら、考え直してみてください。平凡な楽しみが、二流の楽しみとは限りません。

> 家と同じで、人生にもときどき改装が必要だ。心にまっさらな木の香りが立ち、とりかかるまで想像もしなかった新しい部屋が生まれる。
>
> ドリス・シュウェリン（アメリカの作家）

古い物を捨てる
エクササイズ9

パワーを呼ぶ日課は、心の内なる空間をすっきりさせる効果的な方法です。生活の物理的空間もすっきりさせると、その効果がぐっと高まります。たいていの人がそうであるように、あなたも物に――それも、あふれるほどの物に――執着していませんか？　古い物に執着するのは、過ぎ去った、終わりにすべき過去にしがみつくことです。以下のステップに従い、人生のごたごたをすっきりさせましょう。家の中だけにスペースが生まれるだけでなく、新しいアイデアや先のことに意識を向け、より多くのエネルギーを振り向けることで、心の中にもスペースが生まれることでしょう。

1. 終わった恋に終止符を打ちましょう。過去の恋愛の名残であるプレゼント、手紙、写真は、思い切って処分します。残すなら、ごくわずかな記念の品、特別な思い出の品に留めます。終わった恋の形見が占める空間はなるべく小さく。それは心の空間でも同じです。
2. クローゼットを片付けましょう。古い衣類、古いスポーツ用品、壊れたり流行遅れになったりした器具、やりかけて長いこと放ったらかしの計画など、すべて処分しましょう。
3. あふれる情報をすっきりさせましょう。家の中、車の中、コンピューターの中のよけいな情報を捨てましょう。要らない請求書、領収書、明細書を捨てましょう。6ヶ月以上前の雑誌や郵便物の山を全部捨てましょう。
4. 最後に「私の人生にないほうがいいものはもうない？」と自問しながら、家中を総点検しましょう。

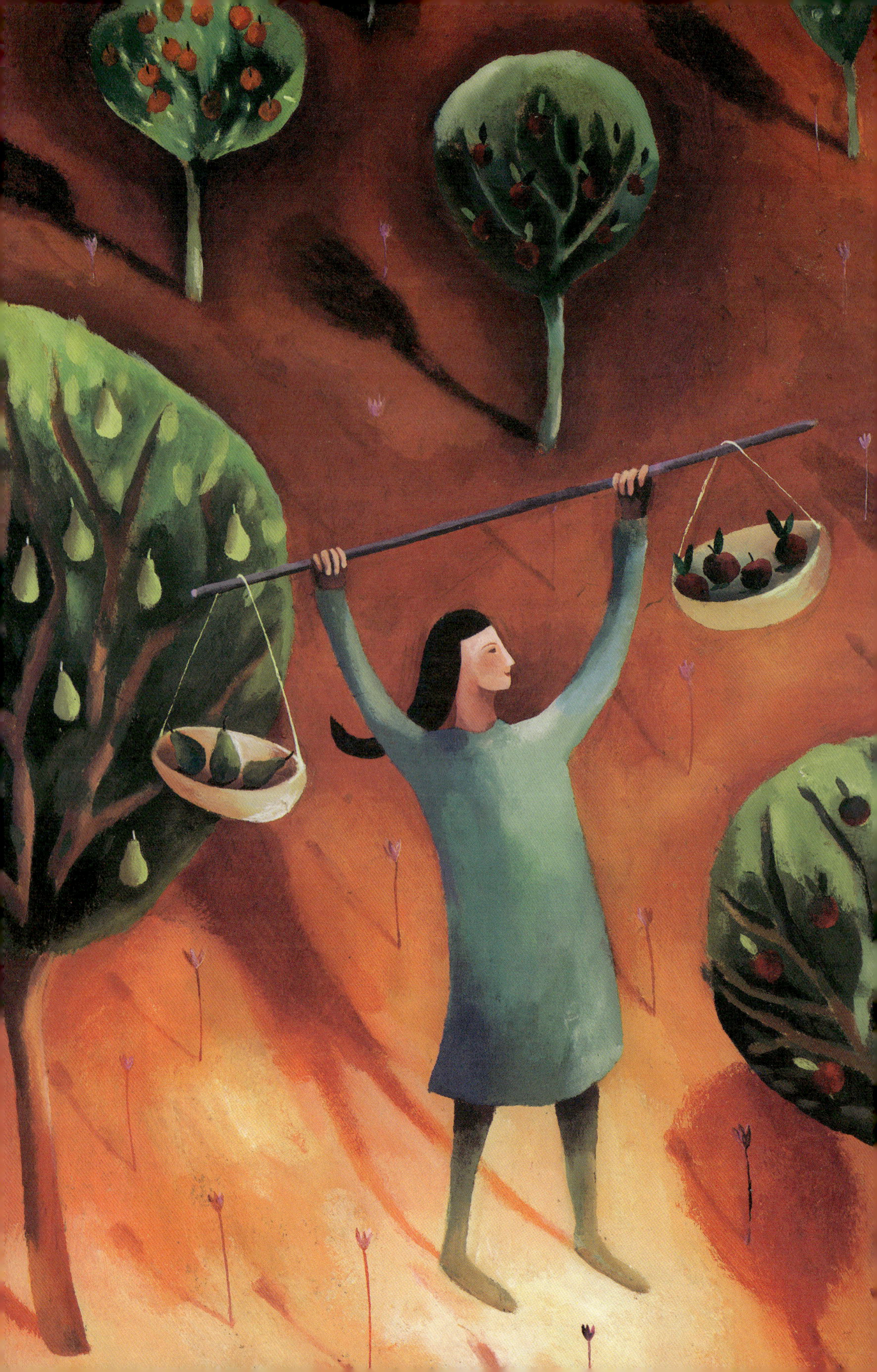

パワー・シンキングのための
基本的能力

第3章

　体を鍛えるプログラムや健康な食事の習慣を始めようという決意は、一瞬のうちにできます。同様に、パワー・シンカーになろうという決意も、一瞬のうちにできます。

　けれど、誰もが知っているように、大きな野心を実現することは、その野心を抱くのにかかった時間だけでは到底できません。自分の肉体に一瞬のうちに最善の身体的条件付けを行なうことはできませんし、自分の精神に一瞬のうちに最善の精神的条件付けを行なうこともできません。あなたがなりたいと望む人間になるには時間がかかります。信念をもって一貫してパワー・シンキングの実践に努め、あなたの歩むべき真の道に沿ってしっかりした足取りで進んでいく時間が必要なのです。

　パワー・シンキングは人生のどんな状況でも、誰もがすぐにでも使うことができる道具というだけに留まりません。パワー・シンカーの基本的な特徴は、まず、自分の求めるものが何かを理解し、自分で選び取れることです。この章では、自己への気づきを深める方法を学びます。また、内省と計画のための新しいテクニックを探ります。そして、目標の設定という、パワー・シンキングで最も有益なツールを身につけることにしましょう。

内なる友を見方にする

ある日、あなたのもとに高校時代の旧友が訪ねてきたとしましょう。最初はあなたも、旧交を温め、近況を語り合い、楽しく過ごせることを喜んでいます。ところが、いっしょに過ごすうちに、この旧友が数分に一回の割で辛辣なコメントを発するのです。あなたは太りすぎている、人生で何もしてこなかった、幸せそうじゃない、なんとなく疲れて見えるのはどこか悪いに違いない、ウェイトレスにあんなことを言うもんじゃない、……といった調子。そして、一日が終わるころ、旧友はまた明日来るからね、と宣言します。あなたの心は沈みます。

おそらくあなたは、こんな「旧友」ともう一日いっしょに過ごしたらおしまいだと思うことでしょう。まったくその通りです。さて、ここからが肝心なところです。あなたの人生にはこの旧友そっくりの人物がいるのです。鏡を覗いてみれば、誰のことを言っているか、もうおわかりですよね？

今、ここであなたが心を決め、内なる「旧友」を追放しない限り、この友は何度でもやってきます。このいじわるで頼りにならない古くからの声は、めったに挑まれることも問い直されることもなく、あなたの内側に住み着いているからです。あなたが寝坊して仕事に遅刻したとき、ほんのささいな務めや仕事をさぼったとき、おこがましくも生まれ変わった自分を思い描いて（言語道断！）つかの間の甘い夢に浸ったとき、自分を叱っている声の主はあなた自身なのです。あなたこそ、あなたが毎日、朝から晩まで付き合っている相手なのです。あなたは一日中、自分を褒めて励ましますか？　それとも、打ちのめしますか？　あなたは自信にあふれ、能力を実感し、自分のビジョンを実現する力が十分にあると感じますか？　それとも、あの「旧友」のようなことを

> 言葉はもちろん、人類が作った最強の麻薬である。
>
> ラジャード・キプリング（イギリスの作家、ノーベル賞受賞者）

内なる友を見方にする

自分に言い続けますか？
　パワー・シンキングの第一歩として、この腹立たしい友人を追い払うことです。あるいは、もっと正確に言うなら、あなたの意識の中に住む彼女（もちろん、彼でもいいのですが）を、あなたの野心の実現に全面的に協力してくれる人物に改造することです。逆に言えば、あなた自身が彼女の悪癖をよく認識することです。なぜ自分は生き方も心もこれほど惨めなありさまなのか、なぜ何かができないのか、なぜせいぜいこの程度の人生がお似合いなのかということについて、彼女は有無を言わせぬ決定的な証拠を握っているように思えるかもしれません。けれど、パワー・シンキングが誰にも可能で、どれほど充実を与えてくれるものかを知れば、逆にしょっちゅう顔を覗かせてはあなた

の気持ちを湿らせるこの懐疑派のつぶやきが、いかに破壊的かは明らかでしょう。

人生の航海を進めていく際に、羅針盤のように毎日、心に抱き続けるべき問いは、「なぜ、うまく行かないんだろう？」ではありません。こう問えば、あなたの中の懐疑派がすかさず、それが何のせいか答えてくれるでしょう。その代わりに、毎日、こう問いましょう。「私は何を望んでいるのだろう？　どうすれば、それが得られるだろう？」

いつまでも過去の不運な状況、タイミングの悪さ、挫折などにこだわり、何かをやり遂げたり実現したりできないのはそのせいだと思うことをやめ、未来に目を向けましょう。現在と未来だけがあなたの持つすべてです。過去は終わったことであり、もうあなたのプラスにはなりません。自分に何かが起こるのを待つのではなく、先手で動き、事を起こす方向に進みましょう。もちろん、内なる友はいつもいっしょです。それは、ひとりで物を考えようとするとき、語り合う相手となるあなたの分身です。その「旧友」が、あなたを励まし、信頼し、きっ

POW！のパワー

セルフ・コーチングのツールとして有効なのが、私がPOWと名付けたPersonal Objective Word（自分の目標を表わす言葉）だ。これは、自分にはっぱをかける短い言葉である。朝起きてから寝るまで日に何度でも、目標を思い出すため自分にこの言葉をかけるのだ。私のPOWはイタリア語で「始めよう！」を意味するAvantiだ。私にとって、これはApply valuable action now toward improvement.（改善に向けて今すぐ大切な行動を起こそう）の意味でもある。ほかのPOWとしては「進め！」「スイッチオン！」「集中！」「今すぐやる！」「しっかり目を覚ませ！」などがある。ここから選ぶのもいいし、自分を鼓舞するような、やる気の出る言葉を自分で考えてもよい。歌にして歌う、親指を立てて見せるなど、メッセージを強烈にする工夫をしよう。

と成功すると言い続けてくれるように訓練しましょう。なるほど、内なる友は、あなたが地上に生れ落ちたその日からあなたとともに生きてきて、これまでの思考や経験を知り尽くしています。けれど、彼女の判断力は曇っています。今の彼女は過去だけがよりどころだからです。パワー・シンキングが持つ自己変革の力をまだ使ったことはないにしても、すでに理解したあなたは、ほんとうに頼るべきは未来の可能性なのだ、そして、その可能性は無限なのだということを知っています。友の目には後ろばかりが映っています。前が見えるメガネを与え、ものの見方を前向きに矯正しましょう。以前の彼女には目に入らなかった地平線の彼方に、未来のあなたがいます。自分の人生に責任を持ち、目標を見出し、生き生きと自信をもって生き、その成果を手にしているあなたです。

　内なる友——もうひとりの自分、常にあなたが内面の対話を続けている相手——をコーチングして、ふたりで何ができるか試すことは、自己実現への重要な一歩です。ゆくゆく、ふたつの異なるものの見方が溶け合って、内なる友があなたと同様の見方をするようになり、心をくじけさせるような声は目に見えて減っていくことでしょう。このときまで、自分をトレーナーと思い、将来有望な、けれどまだ本調子でない生徒に訓練をつけているのだと考えましょう。すべてのネガティブな声は、あなたの頭に住む教育の足りないこの生徒の発するものなのです。あなたの深くに眠る知恵の源泉、ポジティブな未来への信頼によって、過去の例が教訓として語る繰り言を黙らせましょう。自分の存在全体に、前を見ること、広い世界に目を向けること、地平線の彼方に見えるものは到達可能なのだという考え方を教え込むのです。そして、それは疑いなく到達可能なのです。

自己への気づきを深める

あなたはときどき、自分の人生や考え方や行動についてじっくり検討していますか？ 人は習慣の生き物です。とっくに意味のなくなったことを単なる習慣で続けていたり、間違いだと分かった、または自分のためにならない考えにしがみついていたりするものです。

自分に忠実でいる唯一の方法は、こうした何層もの習慣の下に隠れた自己への気づきを新たにすることです。

自己への気づきとは、自分が何を求めているかを明確にし、自分のビジョンをはっきり言葉にし、自分の意見や好き嫌い、自分が守りたいものや許せないものをはっきり知ることです。あなたがほかの人と知り合うとき、あるいは周りの世界について知ろうとするときにかけるのと同じだけの時間を、あなたがいつもいっしょにいる唯一の人、つまり、あなた自身にかけてください。自己への気づきと愛を通して、私たちは自分を最もよく人に与えることができるのです。

自分が何者かを考えることに時間を使うのは、自分だけの狭い世界をぐるぐる回るような作業だと思う人もあるでしょうが、そうではありません。世界が狭まるどころか、むしろ広がります。自分を知れば知るほど、自分自身の、他者の、そして自分が価値を置く何かの最善の利益を考えて、より深く自分自身を信頼し、愛し、役に立つ行動ができます。かつて私が指導したワークショップで、少人数のグループ内でも、自分の好きなところ、自分が一番大切に思うもの、自分の人生をどんなものにしたいか、といったことを話せない参加者がいました。人生は夢遊病のようにさまようものではありません。しっかり目

> 理解することこそ難しい。理解さえできれば、行動は易しい。
>
> 孫文（中国の政治家）

自己への気づきを深める

究極の質問表
エクササイズ10

自己への気づきを深めるということが難しく思えたら、パワー・シンキング・ジャーナルを取り出し、以下の問いに答えてみましょう。いずれも深く心を探るような、自己認識を深めるための問いです。答えが見つからない場合は、一日おいてもう一度試しましょう。最初に書いたものは草稿にすぎず、あとから書き直したくなるかも。自己への気づきは常にそのように進みます。それは静的な題材ではなく、スナップ写真をとるようには行かず、長期にわたって取り組むべき題材なのです。

1. 自分の人生にどんな目的を置いていますか？
2. 情熱を燃やしていることは何ですか？
3. 何に賛成で、何に反対ですか？
4. 心から信じるものは何ですか？
5. 自分についてわかっている真実は何ですか？
6. 苦労していることは何ですか？ また、それはなぜですか？
7. 動揺しやすいことは何ですか？
8. 心から望んでいることは何ですか？

を覚まし、スキップを踏んでいくものです。自分で人生の方向を選択しないなら、風に舞う木の葉のように吹かれていくだけで、障害物にぶつかるまで気づかないような人生になるでしょう。

　すべての道はローマに、あるいはカトマンズーに、バンクーバーに、ヴェニスに通じます。自己への気づきを深める道を歩み始めたら、曲がり角を間違えるなどということはありえません。喩えて言うなら、ストーンヘンジ、メッカ、エルサレムなど、どこか遠い重要な土地への旅は、間違いなく自分の内面への豊かな洞察をもたらしてくれるということです。そして、巡礼の旅に出る気やお金がなくても、今いる場所で自己への気づきを深める機会はいくらでもあるはずです。

　この章のエクササイズもこうした機会のひとつかもしれません。瞑想の習慣、または太極拳やヨーガのような伝統的な心身の修練法を身につけるのもよいかもしれません。心理療法、カウンセリング、数ある12ステップ・プログラム（アルコール中毒自主治療協会が行なっているものなど）は、いずれも自己への気づきを深めるのに他人の手を借りるやり方ですが、体系化された方法が好みなら、それも有効でしょう。誰でも一生に一度くらい、お金を払って誰かに話を聞いてもらうのもムダではありません。それはそれで心がすっきりし、格別のよさがあります。

　けれど、自分が何によってやる気を起こし、何を恐れ、何が人生の問題であり、そうした問題の解決にどんな方法があるかを知るために、プロのカウンセラーやセラピストに頼る必要はありません。独力で自己への気づきを深めることは可能です。

　研究者になったつもりで、自分自身をケーススタディの対象にし、自己への気づきに挑みましょう。プロのように客観的な態度を取り、被

日記を書くことは、
内面への旅だ。

クリスティーナ・ボールドウィン（アメリカの作家）

自己への気づきを深める

験者——つまり、あなた自身——がどんな選択をしても何かを断っても、そのことで価値判断を下さないこと。自分を評価したり「ダメ」と思ったりすることなく、さまざまな気づきを受け入れてください。あなたが心の一番奥に抱いている野心の実現を妨げているものは何でしょうか？　あなたが自分で自分の道に置いている障害物は何でしょうか？　あなたを妨げているもの、もっと素晴らしい人生を手に入れるのを邪魔しているものがあるなら、その正体を突き止めましょう。

　自己への気づきとパワー・シンキングの間には、はっきりした直接のつながりがあります。理解こそ、内なる壁を突き崩す最良のツールです。理解という光は、さびついた蝶番の中まで染み通り、動きをなめらかにする効果的な潤滑油なのです。

　自分の内面に意識を向けることは安らぎを与えてくれます。そこは私たちのふるさとであり、避難所であり、ほかの誰も入り込めない場所です。その大切な核とつながっている限り、私たちの存在の中心には外的要因によって揺らぐことのない静けさがあります。けれど、自分の内側にいることがどんなに心地よくても、ときどきは外の世界に出て広い視野でものを見るのが健康的です。ときには自分の外に一歩踏み出し、少し離れたところからものがどんなふうに見えるか眺めてみるといいでしょう。これは他人の目を通して自分を見ることではなく（それは不可能です）、自分自身の目で、一歩下がって視点を変えてみるということです。新鮮な視点から自分を眺めてみると、これまで気づかなかったような自己実現への道が見えてくるかもしれません。

> 初めに戻って新しいスタートを切ることは誰にもできないが、今から新しいスタートを切ることなら誰にでもできる。
>
> 作者不詳

直観を研ぎ澄ます

視覚、聴覚、触覚、嗅覚、味覚——五感がどのように世界を捉えているかはよく知られています。しかし、私たちは少なくとももうひとつ、内なる感覚ツール、直観の働きをもっています。ときどき、論理的に説明できない考えが浮かぶことがあります。たとえば、誰かが話しているときに、何の根拠もなしに、相手がほんとうのことを話していないと肌で感じることがありませんか？ あるいは、頭で考える前に体が動いていることがありませんか？ 何かが落ちる瞬間に、何が起こっているのか意識が捉える前に、手が出て受け止めているような場合です。いずれも直観の例であり、心に浮かぶ直観的な思い、あるいは体に起こる本能的な感覚です。

よくクライアントとのコーチング中に、ある問いが頭に浮かび、それをきっかけに会話が深いレベルに至り、クライアントの人生における大きなチャレンジが明らかになる場合があります。私がふと浮かんだ問いを口にしなければ気づかずに過ごしていたようなことでしょう。

誰かと話をしているときに、自然に何かが頭に浮かんできたら、それを口に出して言ってみましょう。それが会話の転機になることがあります。「話はそれますが、〜についてはどう思いますか」「気のせいかもしれませんが〜という感じがするんです」と言うのもいいでしょう。こうして、自分の直観を信じ、それを使ってみるのです。パワー・シンキングは理性のみに頼るものではなく、自分の感覚を総動員すべきものです。情緒は人の反応をゆがめることがありますが、直観は情緒を鋭敏にしてくれます。直観を通じて、私たちはどうすることが自分のため、人のために一番良いのかを知ることができるのです。

> 直観は霊的な働きであって、説明を与えず、ただ、方向のみを指し示す。
>
> フローレンス・スコヴェル・シン（アメリカのイラストレーター、形而上学者）

第六感を生かす
エクササイズ11

直観を磨くには、気軽に話せるがあまり深くは知らない相手との会話で、共感的アプローチを試してみましょう。パーティーの客同士、あるいは職場のコーヒーサーバーの前で同僚と話す、といった場合です。

1. 話すときは、完全に相手に意識を集中します。頭の中の内面の会話もやめます。
2. イエスかノーで答えられない、踏み込んだ質問をしましょう。たとえば、「最近、何かに挑戦していますか？」「楽しみにしていることは？」など。どの程度の知り合いかによって踏み込めるレベルが変わります。相手の境界を尊重し、答えを無理強いしないこと。
3. 行間を読みながら、相手の返事を聞きましょう。ボディー・ランゲージや声の調子から何がわかりますか？　相手が言葉で言っていない何かを感じますか？
4. 直観を得たら、それを言ってみては？　ただし、それをひとつの可能性として、上手に表現しましょう。「そのことが心配なのかな、という気がしますが」がベターです。「心配なんでしょう。違いますか？」では、相手が警戒心を抱きます。
5. 直観は当たりましたか？　どの程度当たっていたかにかかわらず、相手の役に立ちたいという気持ちで、気づいたことを話せば、相手も気持ちよく受け止めてくれるはず。このエクササイズは共感の心をもって行なうこと。

甘い幻想に惑わされない

　食道楽の私は、ビュッフェのデザートを選ぶのが大好きです。人生はデザート・ビュッフェと同じで、とても食べきれないほどの選択肢を与えてくれます。遠慮しておくのが賢明という選択肢に手を出して、貴重な時間とエネルギーをムダにしないためにも、危険な誘惑の種をしっかり見分けましょう。それに踊らされて行動するとパワーや気力を奪い取られるもの、それは華やかさと幻想です。

　このふたつは表裏一体です。華やかな外見に惑わされれば、甘い期待が苦いものに変わるのを思い知らされ、あとから考えれば、最初の魅力が幻想だったことに気づくのです。人生はデザートと同じで、しばしばうわべと異なります。外見はあてにならないものと用心してかかれば、探求の途上に待ち受ける落とし穴のいくつかを避けることができます。うわべだけのもの、偽物は、しばしば黄金の器に盛られた毒です。それは思いもかけない幸運のように、不意打ちだからこそいっそう喜ばしく映るかもしれません。また、それがいかにも自分にふさわしいもの、これぞ自分の一番大切な目標の核心部分だと思えるかもしれません。最も危険な誘惑の見分け方を知ることは、自己への気づきの重要な一面です。間違った刺激に反応してしまうとしたら、それはほかでもない自分の責任です。自分にとってほんとうに大切なものがわからず、一時にせよ、自分には価値のないことに反応してしまったのですから。華やかさと幻想こそ、パワー・シンキングで一番に追放すべきものの筆頭です。

　イタリアにいる私の友人で、長くジャーナリストをしている人がいます。昨年、彼は長年の夢であったレストランを開きました。そして、同じく昨年、彼はそのレストランを閉じました。レストランを経営するということは、白いテーブルクロスに高級なワイン、自分の料理を

わずかずつの積み重ねが、やがて山をなす。

ヘシオドス（古代ギリシアの詩人）

甘い幻想に惑わされない

ほめてくれる気持ちのいい人々との会話、といった優雅なものではないということがわかったのです。この幻想はこなごなに砕け散りました。彼は一日も店を空けることができず、すべての客が感じのよい客とは限らず、レストランの厨房はすごい暑さで、しかもウェイターが病気で休めば、自分が客の応対をしなければなりませんでした。

　しかし、この経験で彼は、自分がなぜジャーナリストの仕事が好きなのかがよくわかったと言います。この仕事はいろいろなところへ出かけていって、さまざまな企画に取り組み、新しいことを学び、魅力的な人々と出会い、人々にそれを知らせることができます。彼にはわかったのです。華やかさは消え、幻想は弾けました。残ったのは、自分の人生が実はどれほど素晴らしいものだったかという発見です。

　華やかなものに惹かれたら、近づいてみましょう——ただし、問いかける気持ちをもって。本物？それとも幻？　人が「素敵」だというものに盲目的に価値を置いてはいけません。たとえば、痩せることにはそれなりに利点はあるにせよ、万人にとっての正解とは言えません。探求の際には、自分の直観を信じること。そして、ひらめいた何かが本物か偽物かを、しっかり見分けましょう。

優先領域を決める

4年前、バートは妻とともに道端に立って、カリフォルニア北部の沿岸に買った5エーカーの何もない乾いた土地を見渡しました。そして、妻のほうを向き、自信をもってこう言ったのです。「ここが僕たちの夢の家が建つ場所だ」。そして、その通りになりました。ソフトウェア・エンジニアのバートは大工仕事については何ひとつ知らず、仕事で毎日忙しかったにもかかわらず、です。慌てず、週に1日ずつ割き、できるときに暇を見つけて取り組めば、やがて自分たちの家が手に入ることが彼にはわかっていました。一歩一歩、一度にひとつずつやっていけば、望むものは何でも生み出せるのです。

　このやり方で夢を達成するには、毎日が輝かしいパフォーマンスの場だという幻想を捨てる必要があります。これは、スーパーマン幻想、あるいはスーパーウーマン幻想であり、この名前のもとになった映画同様、虚構にすぎません。日常的に記録的な業績を挙げようなどという気持ちは捨て、今ある条件下で最善の結果を出すことを目指しましょう。人生において自分が優先する領域を決めても、進歩はふつう一足飛びにではなく、一歩一歩訪れます。自分が優先する目標に向かって進んでいけば、生産的で充実した人生のもたらす喜びを毎日味わえます。そして、正しい道を歩んでいるという満足感を得られるでしょう。けれど、これは毎日、来た道を振り返って、風景

の変化を確かめられるという意味ではありません。

　一日も休まずに四六時中、人生のすべての領域に同時に100％の力を注ぎながら、最善の人生を楽しむことはできません。パワー・シンキングをする人は、先手の行動に出ます。けれど、それは、そのときどきに自分が選んだ人生の優先領域においてのみです。さあ、今すぐ、人生のさまざまな領域（参照→28〜30頁）を考え、今後3ヶ月、半年、1年、あるいは自分で決めた一定期間に、自分が何を優先領域とするかを決めましょう。優先領域とは、自分がほんとうに変化を望む人生の局面です。家を移りたいなら、バートのように「物理的環境」が優先領域になるでしょう。パートナーを見つけたい、今の関係を改善したい、または変えたいなら、「大切な相手」が優先領域になるでしょう。優先領域は三つまでにしぼり、そのうちひとつは「チャレンジ・エリア」（参照→28頁）にします。三つだけ選ぶのは、ほかをないがしろにするということではなく、優先領域にスポットライトを当て、思考、計画、資源、行動の面でそこに最大の力を注ぐということです。

　具体的な決意や目標を設定する前に、まず三つの優先領域を決めましょう。優先領域では、大きな思い切った目標設定をしてもよいでしょう。ほかの領域は手堅く。やりすぎは禁物です。予想外の事態やチャンスに備えて、エネルギーのゆとりを確保しておく必要があります。無理せず、肩の力を抜いて。がんばりすぎず、自分のペースを保ちましょう。

野心を言葉にする

人生の具体的な野心を表わす言葉はたくさんあります。ゴール、ターゲット、夢、ビジョンなど。言葉によって浮かぶイメージも異なります。ゴールという言葉は手垢にまみれた印象がありますが、決然たる努力によって達成される特定の目標を意味します。ターゲットはゴールに似ていますが、より特化したものを指します。夢やビジョンは、どちらもかなり大まかで、現実性に欠けるという含みがあり、ごく平凡な抱負を表わすには大げさに響きます。

おそらく、「野心」という言葉が結局、職業的な意味合いは強いものの、人生のある領域での自己成長への欲求を表わすのに一番ふさわしい表現でしょう。「野心を燃やしている」という言い方には、一定の情緒的な決意が含まれ、ほかの言葉にはない、努力への意志が感じられます。

野心を言葉にする際には、パワー・ポジティブな以下の手順に従いましょう。成功のチャンスが高まるはずです。

> 大いなる意志のあるところに、大いなる困難はない。
>
> ニコロ・マキアベリ(イタリア、ルネッサンス期の文筆家、政治家)

1. **野心を書き出しましょう。**心はとても強力なツールですが、良いことは文字に表わしたほうが何倍も実現の可能性が高まります。野心を頭から取り出し、人生に移すために、パワー・シンキング・ジャーナルや予定表に書き入れる、コンピューターに打ち込む、電子手帳に入力するなどしましょう。

2. **自分の考えをはっきりさせましょう。**野心は明確に簡潔に述べること。「もし、この紙をなくして、それが1年後に出てきたとして、言いたかったことがはっきり思い出せるだけの十分な情報を十分明瞭に書いただろうか?」と考えてみてください。答えがノーなら、できるだけ

具体的に。たとえば、「もっといい仕事につきたい」では漠然としすぎです。「従業員を大切に扱い、自分が誇りに思える使命をもった会社で、より大きな責任のある仕事をしたい」と書いたほうがずっと明確です。

3. **野心のターゲットを絞る**。具体的に何が達成できれば、野心が実現したと言えるのか考えてみましょう。何かが達成できたかどうかを自分で判定するための、何らかの基準が必要です。たとえば、単に「木工を学びたい」よりも、「木工を学んでキッチンテーブルを作れるスキルを身につけたい」のほうが役に立ちます。

4. **野心を現実的なものにする**。これが現実に達成できる可能性のある野心か、人生の優先領域や現実の状況も考えに入れて、自問してみてください。答えがイエスなら、始めましょう。けれど、ノーならば、もう少し目標を現実に引き寄せたほうがいいかもしれません。たとえば、「新車を買いたい」と書く代わりに、やや目標を後退させて「新車を買う頭金として5000ドル貯めたい」と書くのです。野心を描くときに、多少は運に賭ける部分があるのはもちろん結構です。最も現実的な野心からはリスクが一切排除されてしまいますが、パワー・シンキングによって心に秘めた野心を実現しようとする際にはリスクを負うことも重要な要素です。パワー・シンキングは、努力と可能性とが結びついたときに最も成功を収めます。どんなリスクも、はっきり認識したうえで引き受けるべきなのです。

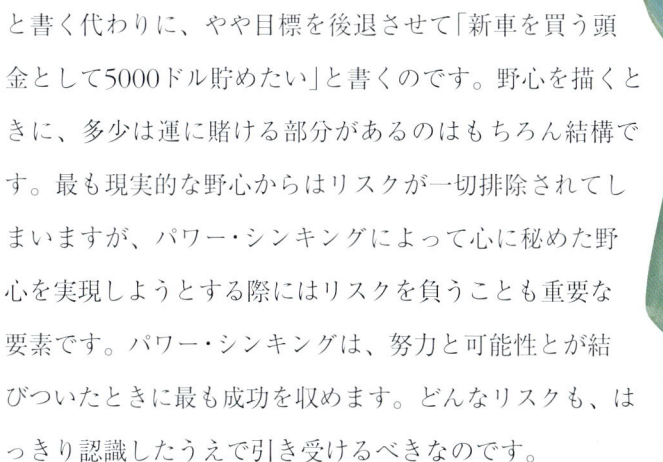

5. **野心に期限を設ける**。時間を区切るというのは、その時までに実現できなければ、野心をあきらめるという意味ではありません。時間の区切りは、ビジョン（またもや！）を永遠に先延ばしにするという、ありがちな傾向に歯止めをかけるのに有効です。際限なく先送りされる野心は野心ではなく、ただの夢物語です。人の関心を惹くために、こういう野心を使う人がいます。「小説を書こうと思ってるんだ」とか「アシュタンガ・ヨーガを習いたいと思っていてね」とか言うのです。自分に対して次の誓いを立ててください。半年後にまだその実現に向かって一歩も踏み出していないような野心に、心のスペースを一切与えないこと。たいてい、最初のステップは、関連情報の収集でしょう。これを今すぐやりましょう。正しい知識を伴わない野心は、瞳の輝きだけに終わります。

まだ、疑問が残っています。私たちはここでどんなスケールの野心の話をしているのでしょうか？　また、ふたつ、三つ、それ以上の野心を抱くことは妥当でしょうか？　こうした問いには、これはこうあるべき、と答えることはできません。達成したいと思うことはひとりひとり違うからです。さらに、このふたつの問いはつながっています。大きな野心があるなら、ほかの小さな野心をもつ余地はないとは言いきれません。ふたつの企画を同時進行で進めながら、見込みのありそうな一方を完成まで持っていこうという人はどうでしょう？　人はみんな違います。自分にとって何がベストな方法かを選ぶことが大切です。

行動プランを練る
エクササイズ12

野心を言葉にしたら、今度は踏むべきステップをすべて書き出し、行動プランを立てましょう。あっという間にできる簡単なこともあれば、何ヵ月もかかる難しいこともあるかもしれません。各優先領域について計画を作成しましょう。

1. 自分の野心について、必要な情報はすべて揃っていますか？ まだなら、そこから始めましょう。たとえば、新しい家を買いたいなら、住みたい地域を決め、そこの住宅価格を調べましたか？ また、転職したいなら、興味のある仕事についてできるかぎりの情報収集をしましたか？
2. あなたの野心の実現に必要と思うすべての行動を、実現のために最適な順序で書き出しましょう。こうしたステップは、新しい情報や状況が出てくれば、それに応じて変更できる余地を残しておきます。
3. 自分の予定表上で、こうした行動を起こすための時間を確保します。
4. 野心と行動プランを毎日朝と晩に見直し、今取り組んでいることを思い出しましょう。意識と潜在意識の両方がいつもあなたのために働いてくれるように。
5. 野心の実現を妨げている内なる壁を明らかにしましょう（参照→74〜5頁）。
6. 常に行動プランに磨きをかけましょう。時がたつにつれ、また、計画の実行に伴って、野心はより明確になっていくでしょう。あるいは、すっかり別のものになることもあります。

自分自身のために何かをする

行動がスムーズで夏の日のアイスクリームのように気持ちよく進むこともあれば、一歩一歩が氷を積んだトラックを押して山を登るようにつらいときもあります。そういう苦しいときに何かをしようと思ったら、普段よりも努力が必要です。前に進むために、自分の内なるパワーと心からの自己関与を呼び起こさなくてはなりません。

　リサは、企業の若い重役でした。仕事は大好きでしたが、かなりの時間を飛行機とホテルの部屋で過ごす生活でした。ある日、飛行機が長時間遅れ、なにげなく空港内で絵の展示を見ていました。学校の子供たちが描いた色鮮やかな絵が並んでいます。それを一枚ずつ眺めていくうちに、彼女は幸せな気分になりました。自分も絵を描くのが大好きだったこと、そして、もう長いこと絵筆を握っていないことを思い出したのです。その瞬間、彼女は決心しました。もう一度絵を描こうと。

　彼女の行動プランは、土曜日に絵画の教室に出かけ、週に3日は普段よりさらに早起きして絵を描く時間をとり、出張のときも含め、いつもスケッチブックを持ち歩こうというものでした。彼女はこれを実行し、やがて工夫して出張の時間を減らし、芸術にかける時間を増やしました。

　時差ぼけと闘った土曜日、もう少し眠りたい朝もあったはずです。どうやって、彼女はイーゼルとパレットに向かったのでしょうか？　彼女を動かしたのは、やみがたい欲求でしょうか？　そういうときもあったでしょう。また、別の日には「自分を律する気持ち」であったというのも、正しいでしょう。ここで、私は新しい考え方を提示したいと

> 困るのは、あらゆる危険を避ければ、さらに大きな危険を負うという点だ。
>
> エリカ・ジョング(アメリカの作家)

思います。それは自己への献身です。

自己規律というのは、楽しいわけではないが、重大な結果を招きたくなければ、やらなければならないことをやろうとすることです。それは私たちに汚れた食器を洗わせ、芝生を刈らせるものです。また、改心した酒飲みにアルコールを断たせ、心臓病の人にクリームケーキを我慢させるものです。

自己献身とは、自己規律を一歩進めた、さらに先手型の行動です。それは、今すぐそれにかかりたい気分ではないが、自分の望みをかなえるためには今、行動を起こさなくてはならないのだと思い起こす際に、私たちが必要とするものです。自己規律は不本意なこと、やりたくないことをしぶしぶやることです。自己献身は意欲を意味し、今はその気分でなくても、自分自身のために何かをやろうと決めること。自分の望みと野心の実現のために自己献身をしてください。

これは、いつも簡単なわけではありません。何かに気落ちし、頭から布団をかぶって世界から逃げていたい日もあるでしょう。このまま自分の望みを追い求めていけるだろうかと不安になる日もあるでしょう。自分の望みそのものが疑わしく思える日さえあるかもしれません。それでいいのです。それが正常だし、自然です。選んだ道を歩んでいくとき、人は成長し、変化し、より焦点化してくるものです。けれど、ときには、失敗したり自信喪失したりして、目的が遠のいていくように感じることもあります。そんなときには、もう一度目的を胸に刻む必要が

あります。

　自己献身——自分の望みをしっかりと心に抱いて日々生きること——は、心の弱い人や信念そのものの弱い人には向きません。前に（64頁）がんばりすぎないこと、スーパーマンやスーパーウーマンになろうとしないことが大切さだと書きました。けれど、自己献身の道を歩むには、ときにはもうやめたいと思ってもさらに続けていく意志が必要です。それはがんばることではないのか、という人もあるでしょう。ある意味、その通りです。ただし、それはあなたの一番深いところにある動機に逆らってではなく、それに沿ってがんばることなのです。それは止まったおもちゃの車を押してやるようなものです。ほんの一押しでまた動き出すのです。いつもがんばりつづけるのではなく、その一押しで本来の前向きのリズムに自分を乗せてやるのです。そのうちに、しっくりなじんできます。それは自己実現のリズムであり、やがて息をするように自然になります。

　自己献身の道は、ぬくぬくした習慣の世界から私たちを連れ出し、なじみの薄い世界にいざないます。そこでは、わくわくすることもあれば、心がもろくなり不安を覚えることもあります。この世界に足を踏み入れようという私たちの意志は、一番深いところにある動機から生じます。考えてみてください。かつての偉大な探検家たちは、知識と経験へのあくなき欲求から、ジャングルを切り開き、泡立つ急流を下ったのです。彼らのうち、根源的に、習慣の快適さに安住していた者がどれだけいたでしょうか？　快適なところに留まる人生は、ムダの集積以外の何物も生みません。自己献身の道は、不安を克服する道でもあります。精一杯生きる人生は、常に冒険となり、自分を知る旅となるでしょう。

> 真のリスクはただひとつ、小心すぎることによるリスクだ。
>
> フランシス・ムーア・ラペ（アメリカの作家）

自分自身のために何かをする

リスクと報酬を秤にかける
エクササイズ13

決めるべきことに自信がもてないときには、以下のエクササイズが心を決める助けになるでしょう。私たちはすべてのリスクも報酬も知り得ないし、それが負うに値するリスクなのか前もって知ることはできません。このジレンマを解消しないことには、優柔不断のサイクルにはまり込み、現実を生き、望みを実現するために使うべきエネルギーがムダになります。できれば、問いの答えを頭から取り出し、紙の上に書いてみてください。

1. あなたが不安に思っていることを行動に移した場合、起こり得る最悪の事態は何ですか？ それは起こりそうですか？ それが起こったとして、対処できますか？
2. 起こり得る最良の事態は何ですか？ それは起こりそうですか？ 起こったとして、それはあなたにとってどうですか？
3. 望む方向に事が運ぶように、あなたにできることがありますか？ あるなら、やりましょう。
4. そのリスクを負ったとして、今から半年後の生活を思い浮かべてください。この決断は半年後にもまだ価値があるでしょうか？
5. 歳を取り、家の前のポーチでロッキングチェアに座っている自分を想像してください。この決断はそのときにもまだ価値がありますか？ このリスクを負ったこと、または負わなかったことに後悔を覚えますか？

心の中の障害物

ときおり、最大の障害物が、ほかでもない、私たちの頭の中をふさいでいることがあります。心の中に、自分の望むどんなものにもなれる力を阻害する要因が刻み込まれているのです。こうした内なる壁のほとんどは、ふたつのグループに分けられます。自分の足を引っ張る思い込みと、それと似ていますが、自分の足を引っ張る行動パターンです。自分の足を引っ張る思い込みとは、もう役に立たないのにいつまでもしがみついてしまう信念です。それは、私たちが十分に有能でなく、賢くなく、創造性がないという声です。たとえば、あなたが過去に難しい相手との関係で苦労した時期があったとしましょう。あなたはこの関係を無理して続けるのはやめよう、そこまでの値打ちはないと思い、別れるという選択（あなたには当然そうする権利があります）をしたとします。ところが、その相手から去るときに心ならずも、自分は大切な関係をうまく保てない人間だとか、物事がうまく行かなくなるとすぐに投げ出してしまうとか、自分は頼りにならない人間だとかいった思い込みを抱いてしまったとしましょう。悪い状況下でできる最善の選択をしたのに、潜在意識があなたのものの見方をゆがめ、この自分の足を引っ張る思い込みをもたらし、今もなお、あなたを苦しめるのです。今では、新しい恋が始まるたびに、何かがうまく行かなくなって、自分がその関係を断ち切ってしまうのではないかと恐れ、その不安のために、新しい恋そのものに臆病になってしまうことさえあります。

もうひとつ、自分の足を引っ張る行動パターンがあります。私たちがいつも習慣的にやっていることで、充実した人生を生き、自分の望みを現実にすることを妨げるものです。アルコール、ギャンブル、麻

> 秘訣は物事を前向きに考えること、そして、お酒を飲まないことだ。
>
> メイ・ウェスト（アメリカの作家）

心の中の障害物

変化へのプログラム
エクササイズ14

深く根を下ろした自分のためにならない行動パターン——すぐに動揺してしまう、毎日朝寝坊する、インターネットで時間を浪費するなど——を破るには、まず、こうした行動パターンに気づき、それを変えようと決意する必要があります。以下のエクササイズは、変化のための個人的なプログラムを実行するためのものです。

1. 変えたい行動パターンを選びます。たとえば、いつもひとりで家にばかりいたくないとしましょう。
2. この問題に関して考え得るあらゆる解決策を書き出します。習い事を始める、夜間の勤務につく、幾晩かは近くのコーヒーショップに出かける、週に1回友達を夕食に呼ぶなどもいいでしょう。これ以外にも思いつく方法はいろいろあるはずです。すっかり考えが出尽くすまで、全部書き出してみましょう。
3. 変化への三つのステップを決めます。まず、一番簡単なもの、次に一番興味の持てるもの、最後は自分にとって一番大きな変化をもたらすものです。この三つをこの順で予定に組み入れ、順繰りに実行します。そうこうするうちに、変化への弾みがついてきます。数日ないし数週間単位で成果を捉えましょう。各週の終わりに次の週の計画を立てます。

薬への依存は、いずれも自分の足を引っ張る行動パターンの深刻な例です。たとえ、自分が何かの依存症ではないかと思っても、恥じる必要はありません。私たち人間は皆、不完全な存在です。依存症は誰でもなり得るものです。ぜひ信頼できる友人か家族の誰かに助けを求めてください。私が言えることはこれだけです。依存症は、この本の扱う範囲を越えた問題だからです。

　これほど深刻でないけれど自分の足を引っ張るパターンとしては、いつもせかせかしていて、そのために不安やフラストレーションを抱えてしまうこと、いつも仕事から帰ると、あの手紙を書かなきゃ、計画を立てなきゃ、例の企画を進めなきゃ、と気にしながら、何時間もテレビの前でぐずぐずしてしまうこと、友達を増やしたいと思いながら、いつも社交的な誘いを断ってしまう、といったことがあります。こんなふうに自分を振り返ったとき、何か思い当たるような、自分の足を

> ### その人の名は？
>
> 人が自分に抱く、自分の足を引っ張る思い込みのひとつ──なぜなら、さんざんそう言われつづけてきたから──に、人の名前を覚えるのは難しいというのがある。実は、名前を覚えることは易しい。必要なのは注意力だけだ。名前が覚えられないのは、たいていの場合、最初から名前をちゃんと聞いていないからだ。人に紹介されると、その人の外見や手の握り方の強弱にばかり気を取られて、肝心の名前を聞き損ねてしまう。名前を聞き取ることに全神経を集中し、声に出して言い、正しく聞き取ったか確認する。あとで会話の中で、その名前を使う。また、その人のほうを見るたびに名前を思い出すようにする。人の名前を覚えることは相手に敬意を払うことになると同時に、強力なラポール（心理的なつながり）を生み、あなた自身が人に覚えてもらえる方法でもある。

引っ張るパターンがありますか？

　自己献身の道（参照→70〜72頁）をたどるときには、自分の利害に反する思い込みや行動パターンに用心しましょう。習慣的な行動を取り除くには、自分を庭師と考え、未来の美しいバラ園を育てるために、よけいな枝を剪定することです。人生の何らかの領域で、自分に対して不当な思い込みを抱いている人もいるでしょう。たとえば、自分には人間関係スキルが欠けていると感じるわけです。自己評価だけでは何の意味もありません。評価が間違っているなら、そのことに気づくだけで肩の荷が下りることでしょう。評価が正しいなら、もっと人とかかわるように努力すれば大いに得るものがあります。自分の足を引っ張る思い込みは、このいずれかで解消できるはず。すぱっと断ち切り、あなたにふさわしい自由を手に入れましょう。

シンボルを活用する

　先史時代の人々は、洞窟の壁に絵を描き、彼らの心を主に占めていた事柄を表現しました。パワー・シンキングにとって、言葉や文字は重要ですが、言葉だけでは考えを頭に刻みつけ、そこに留めるのに十分効果的とは言えません。美しい夕焼けを見たとき、愛する人が歩み寄ってきたときの喜びを思い出してみてください。具体像は感情を呼び覚まします。あなたの望みを実現に近づけるために、この感情が利用できるのです。

　痩せた人の写真や、痩せていたころの自分の写真を冷蔵庫のドアに貼って、食べすぎを戒めるという話をよく聞きます。ティーンエイジの男の子なら、バスルームの鏡に車の写真を貼るだろうし、子供なら雑誌から切り抜いたおもちゃの写真を家族のみんなに見えるところに貼っておきます——それによって、そのおもちゃがいつの日か必ず家にやってくるという確信を知らしめるのです。

　まだ働き始めて間もない頃、私は地元の商工会議所の会員増加キャンペーンに参加しました。新しい会員を一番たくさん増やした者がパリへの航空券を2枚もらえます。私は自分を奮起させるため、ノートの表紙にエッフェル塔の写真を貼り、電話をかけるたびに、自分がどれほど光の都を見たいか思い起こすことにしました。私はそのキャンペーンで勝って、エッフェル塔を訪れました。それ以来、私は自分やともに活動してきた人々が望みを現実に変える一助としてイメージのもつパワーの偉大さに気づかされ、それを活用してきました。

　歴史小説家のサラは、書く前から、自分の望みの完成像を見るために、アーティストに依頼して執筆中の本の表紙をデザインしてもらいました。サラはこの未来の本の表紙を別の本にかけ、仕事部屋の真正

シンボルを活用する

欲求を具体像にする
エクササイズ15

心で描くイメージと違い、具体像は目で見たり手で触れたりでき、自分の望む状況に具体的な形を与えてくれるため、欲求の実現に向けて自分を駆り立てる強力な原動力となります。

1. 思ったように簡単には近づいてこない望み、または、今、自分にとって一番中心的な望みをひとつ選びます。

2. その望みの実現を象徴する具体像を選びます。写真や雑誌の切り抜きならぴったり。また、自分の望みを表わす模型や物を使ってもいいでしょう。たとえば、帆船を表わすのに方位磁石、異国情緒あふれる休暇を表わすパスポートなどです。

3. あなたがよく目にするところにこの具体像を置きます。ベッド脇、玄関脇、職場のデスクの上など。簡単に手の届くところでなければなりません。手で触れられることも重要です。

4. 毎日、その具体像を眺め、触れ、それが実現した人生を思い描きましょう。あなたは望みを実現しつつあるのです。成功の味を想像しましょう。

面に置きました。執筆を進めていく間、ただ空いたページを埋めているような感覚だったそうです。なにしろ、すでに現実の形になった本を"見る"ことができたのですから。

弁護士のフランクは、いつも人の下で働いてばかりの生活をやめ、自分の法律事務所を持ちたいと思っていました。そこで、彼は弁護士のオフィスの入り口に掲げてあるような真鍮のプレートを作らせました。そこには、「フランク・メグリオ法律事務所」という文字が刻まれていました。この達成の証しに触発され、彼は一歩一歩自分の夢を現実にしたのです。

ペギーは、大学生の子供をふたり持つワーキングマザーでしたが、彼女自身も大学で学びたいというひそかな希望を持っていました。私は彼女に、文具店に行って、金の紋章の入った証明書の用紙と額縁を買ってきて、自分の卒業証書を作ることを奨めました。彼女はそれを実行し、その証書を眺めては自分の希望の強さを思い出しました。それを引き出しに入れ、毎日取り出しては眺めたのです。そして、ある日、上司のところに行き、大学に行く費用を会社から出してもらえないかと尋ねたのです。会社はOKを出しました。そして、ペギーは本物の卒業証書を手にしたのです。

こうした例はいずれも、具体像の持つパワーが推進力になった点で共通しています。メガネのレンズを使って小枝の山に太陽の光を集め、火をおこして煮炊きに使う猟師を思い出してください。同じように、あなたも具体像の持つパワーを使えば、野心のエネルギーも焦点化できます。それが有効なのは、具体像には意識と潜在意識の両方に作用し、自分が望んでいるものはすでに潜在的に自分のものであり、自分にはその能力があるのだということ、だから、あとはそれを現実にするだけだ、という考えに馴染ませてくれる働きがあるからです。

人生において、これだけはぜひ実現したいと思うものがあるなら、望み通りの状況を頭の中にイメージしてみてください。新しい仕事で張り切っている自分、理想のパートナーと幸せに暮らしている自分、友人たちを招いて何年もかけてやり遂げた成果を披露している自分を、心の中にくっきり描けましたか？　頭で想像できないものは、実現しないという人がいます。けれど、納得できる未来像を描くのがいかに難しいかは誰でも知っています。夢はいつの場合も、その後に起こる現実をそのまま反映してはいません。そこに、シンボル――エッフェル塔、本の表紙、真鍮のプレート、大学の卒業証書――の重要性があるのです。シンボルは、物事の本質を効果的にきわめて明快に表現します。すでに完成した形で未来図を見せてくれます。想像力の負担を減らしてくれるので、浮いたエネルギーを物事の実現への努力に向けられます。

　79頁で、私は自分の望みをイメージするのに役立つ具体的な物を作ることを奨めました。けれど、物だけでは不十分です。具体像と心のパワーを結びつけ、自分のビジョンを形にしてください。具体像を手に取るか、目の前に置きましょう。静かな場所にゆったり腰かけます。深く規則的に呼吸し、肩の力を抜きます。目を閉じて、あなたの野心を表わすイメージを描きましょう。それを少なくとも5分間じっと見つめ、そのパワーを心に浸透させます。作物を育てる水が畑を潤すように、シンボルから自分の存在全体へと、決然たる意志が流れ込み、みなぎってくるのがわかりますか？

今の自分をチェックする

目的地にたどり着くためには、現在地を明らかにする必要があります。旅のこのあたりで、自分をふりかえってみることにしましょう。そうです。銀行口座の残高をチェックするように、こうした自己評価を定期的に行なうのです。月末ごとに、今何ができるか、今後どんなプランを立てるべきかを把握することは有益です。

ほかの人があなたについて言うことにも耳を傾けましょう。人の意見は、何気ない一言でも、自分自身への新しい見方をもたらしてくれることがあります。それは耳に快いコメントでしょうか？ それを聞いてうれしいですか？ ショックですか？ その意見に同意しますか？ しませんか？

行間にも耳を澄ませましょう。誰かが「あなたは政治家になるべきですよ」と言ったとしても、言葉通りの意味とは限りません。相手はあなたのことを天性のリーダーだ、雄弁だ、仲裁がうまいと思っているかもしれません。あるいは、口先ばかりで、率直にものを言わず、少々狡猾な人間とさえ見ているかもしれません。相手の意図がはっきりしないなら、聞いて確かめましょう。誰かがあなたの言ったりしたりしたことを褒めたら、「ありがとう」とだけ言わず、どんな点が良かったか聞いてみましょう。ほかの人があなたをどう見ているかに気づけば、自分自身にさらに力をつけることができます。

今は言われていないことで、どんなことを人に言われたいですか？ 頼りがいがある、なんでもてきぱきこなせるタイプだ、でしょうか？ この問いは答えを探ってみる価値があります。というのは、人の意見がそれ自体モチベーションを高めることにつながるからではなく、自分が自分の基準を満たしているかどうかを映す鏡として、間接的に人の意見が役立つからです。最終的に、パワー・シンキングの道では、自分の成長にとって決定的なのは自分が自分をどう見るかなのです。

> 吟味されない人生は、生きるに値しない。
>
> ソクラテス（古代ギリシャの哲学者）

今の自分をチェックする

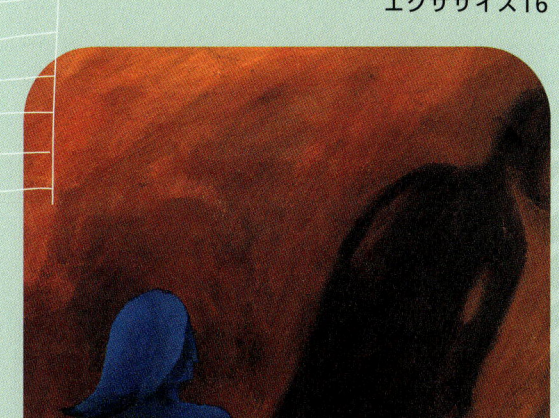

自分をふりかえる
エクササイズ16

下の問いに答えて、今、自分がいる位置を確かめましょう。

1. パワー・シンキング・ジャーナルの新しいページを開き、以下の問いに答え、自分をふりかえりましょう。心に浮かんだことをすべて書きます。問いを読み返し、ジャーナルを置き、潜在意識に働きかけ、答えを探ります。

2. 翌日も翌々日も続けてジャーナルの同じ問いに向かいます。合間に、思いを巡らします。2、3日めに、新しい答えが浮かんでくることもあるでしょう。

3. 4日めに、それぞれの答えのあとに、あなたが取りたい行動を書きます。

4. さあ、実行です！ 求める変化を起こすため、動き出しましょう。

5. 自分をふりかえる問い
    a. 私は何に耐えているか？
    b. 私は何に幸せを感じるか？
    c. 私は自分にどんな嘘をつき続けているか？
    d. そろそろ忘れるべきなのはどんなことか？
    e. 私が苦労しているのはどんな部分か？
    f. 私の人生には何が欠けているか？
    g. 私は何を隠しているか？
    h. 癒されるべきものは何か？
    i. 言うべきことは何か？
    j. 私がほったらかしにしてきた欲求は何か？

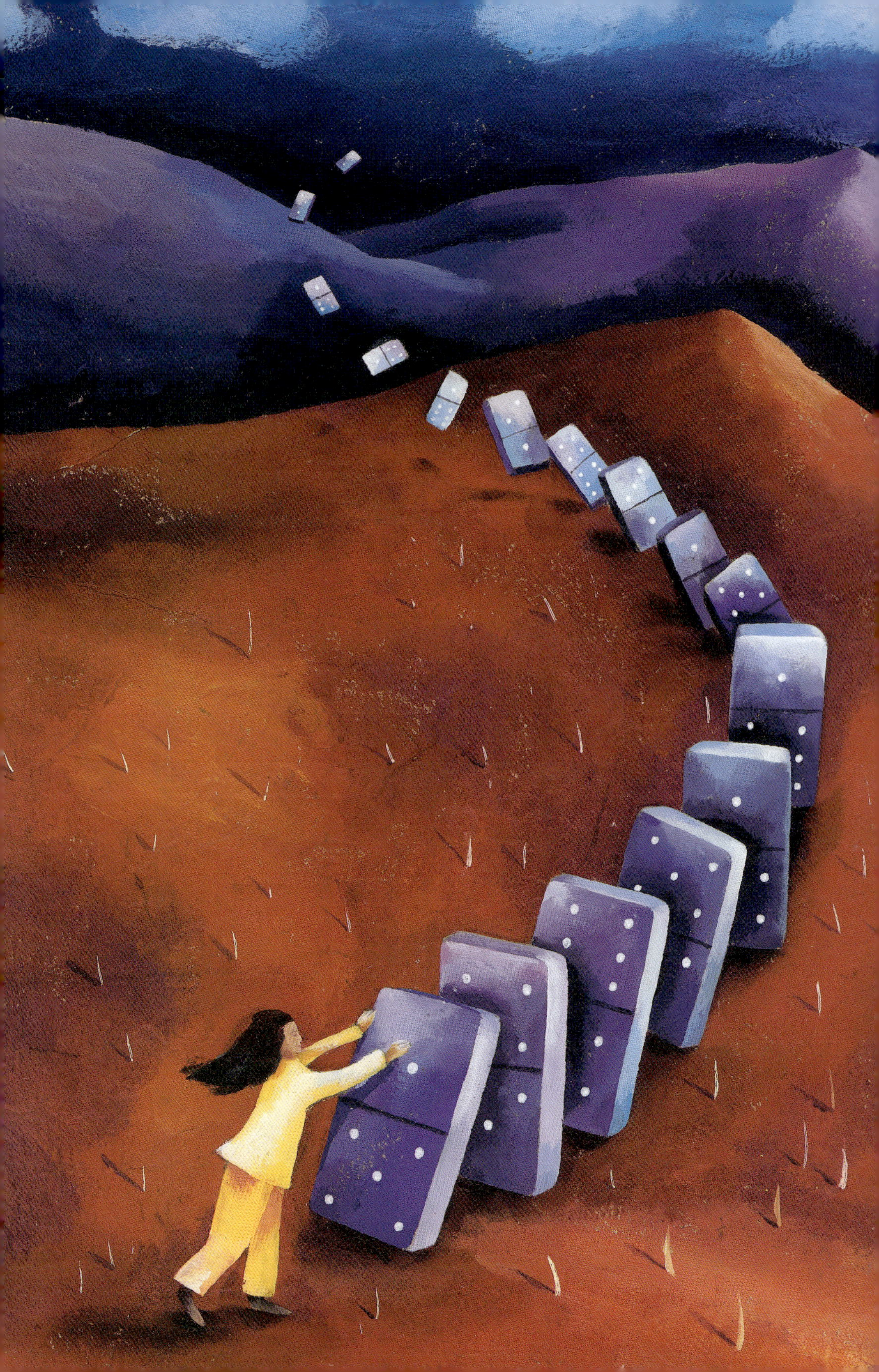

思考を
行動につなげるコツ

第4章

　あなたは家が燃えているときに、カウチに腰かけてのんびりお茶を飲み、クッキーを食べているでしょうか？　まさか！　一目散に外に飛び出すでしょう。そんなとき、途中で立ち止まって考えたりはしません。目的も意図も明確で、自分のかっこうがどうか、何を残してきたか、どのドアから出るかなんて気にしないでしょう。

　人生のほとんどの状況で私たちは、行動を起こし物事を実現する前段階としての、選択肢の比較検討と「準備にかかる準備」にあまりにも多くの時間を費やします。内省と計画は重要ですが、あとに行動が伴わなければ何の意味もありません。思考は、最適な限度以上に長引く傾向があります。そして、速乾性のセメントのように使う前に固まり始めます。そうなるのを避けましょう。必要な行動を選択したら、速やかに実行すること。行動は、願いを現実に変換してくれるパワー・ツールです。

　この章では、思考を現実に変える力を与えてくれる決意の仕方を探ります。また、ほかの人の潜在的パワーに学ぶ方法も探ります。さらに、成功がいかに成功を生むか——ポジティブな行動がいかに私たちをより充実した人生へと駆り立てるものか——を見ていくことにしましょう。

自分自身に宣言する

行動には、常に情緒的な飛び板が必要です。行動は何もない心の青空から突如として降ってくるものではありません。どんな行動の後ろにも意志があり、意志は心構えから、心構えは自分を信じる気持ちから生まれます。右頁のように、毎日、パワー・ステートメントを述べる習慣をぜひ身につけましょう。それは自分を準備万端の状態にしてくれます。行動が必要なときにいつでも動け、チャンスが訪れたときにそれをつかめる状態です。

思考と行動の間に橋をかけるのは、言語です。このことを考えれば、パワー・シンキングを実践する人にとって、言葉がどれほど大切な役割を果たすかがわかるでしょう。

自分の中でも明確に言葉になっていないが、長い間、抱き続けてきた思いが、あなたにもあるでしょう。自然食品を扱う会社を興したい、演劇のレッスンを受けたい、毎晩ピアノ・バーでトーチソングを歌って過ごしたいといった、ひそかに温めてきた思いです。ことによると、そうした考えはあまりにも現実離れしたものに思えて、心の片隅へ追いやられ、言葉の裏づけを許されないでいるかもしれません。

まず、心の中で形にしたものだけが、現実の人生において形になります。けれど、あなたの思いは、言葉としてこの世に送り出すことによって命を与えない限り、いつまでたっても、現実の領域から遠く離れた心の内側に閉じ込められたままでしょう。表現されない思いは、色あせ、変質していきます。声に出して話し、文章にすることが、思いに命を吹き込むのです。自分の望みや野心を語ったり書いたりすればするほど、実現のチャンスも高まります。

> 何かを誠実になそうと真剣に考えることで、その達成が可能になる。
>
> メアリー・ベイカー・エディー（アメリカの宗教家）

自分自身に宣言する

パワー・ステートメントを述べる
エクササイズ17

パワー・ステートメントとは、自分の気持ちや人生に望むものを自分自身に宣言する言葉です。それは行動のための心構えを作ってくれます。このエクササイズを毎日欠かさずやりましょう。パワー・ステートメントとは、たとえば「私の毎日は自信にあふれています」「私の世界はチャンスに満ちています」のようなものです。現在形を使い、シンプルで力強いものにします。人生のあらゆる領域や特性に通じるステートメントを考えましょう。

視覚型の人にぴったりなオプション1：
毎朝、毎晩、鏡の前に立って、パワー・ステートメントをひとつかふたつ、最低5分間、確信を込めて繰り返します。自信を持って話す自分の唇、意志の炎に燃える目を見て。鏡に映るパワフルな真の自己を目に焼き付けましょう。

聴覚型の人にぴったりなオプション2：
心の休まる音楽をバックで流しながら、パワー・ステートメントを述べる自分の声を、テープやMDやCDに録音します。1日2回、朝と晩にそれを聞きます。魔法の薬を飲むように、自分自身のメッセージを服用するのです。

野心を言葉にする

言葉が自分自身に及ぼすパワーについて、簡単に見てきました。以下に、あなたにとって一番大切な野心を追求するための、言葉の効果的な使い方をさらに三つ取り上げます。

1. 紙に書く。野心の細部をすべて頭で覚えておこうとするのは、心のパワーの間違った使い方です。何でも覚える代わりに、主な考えを紙に書きましょう。書いたことをもとにして、方策を考えたり可能性を明らかにしたり自由にできます。紙に書けば、いつでも眺められ、意識と潜在意識の両方に今、取り組むべき課題を思い出させることができます。そして、何度でもある点に戻って、そこからさらに考えを練ることもできます。オーストリアの哲学者、ヴィトゲンシュタインによれば、頭で考えられることで表現できないことはないといいます。考えがしょっちゅう混乱してしまうのは、まだ十分に形になっていないからです。言葉は思考の酸素です。思考が呼吸をし、命を得、形を現すことを可能にしてくれます。

パワー・シンキング・ジャーナルはこのプロセスを助ける理想的なツールです。紙とえんぴつがあまりにも時代遅れに思えるなら、あなたの思いをコンピューターに打ち込みましょう。テープレコーダーで録音するという方法もありますが、スキャニングには耳より目のほうが適しています。なお、ワープロの文書でもジャーナルでも、矢印や下線で一部を強調したりして文章を視覚的に飾れます。色を変えるなどすれば、別の時期に行なった修正のあともたどれます。

実践と思考が、多くの芸術を生み出す。

ウェルギリウス（ローマの詩人）

2. パワー・ステートメントを考える。 パワー・ステートメント（参照→87頁）は、あなたの野心に役立つ態度や、どんな場合にも通用するポジティブな心構えを述べるアファーメーションです。私自身のパワー・ステートメントは「成功に備えよう！」です。いつでも夢を実現できる心構えを生む言葉です。これは、具体的状況に幅広く通用します。あなたにとって有効な言葉は？　自分の野心につながるキーワードをいくつか選び、スローガンにして、自分が選んだ道を毎日宣言しましょう。実現に向けた取り組みを自ら声に出し、それを聞くのは、パワーにつながります。心から真摯にその言葉を口にし、記憶しましょう。そして、一日のうちの静かな時間に、頭の中で何度も唱えるのです。

3. 証人のパワーを使う。 あなたは、それまで心ひそかに願ってきたことを人に話したら、その欲求がさらに強まったという経験はありませんか？　自分の望みを宣言し、それを誰かほかの人に聞いてもらうことはパワーをもたらします。「すばらしいアイデアだね」「がんばって！」と言われるたびに熱意が高まります。プランを笑う人があったら、決意をさらに固めればいいのです。野心はできるだけ言葉に——それだけ、実現の可能性も高まります。

行動するための戦略

　毎日あなたは、いろいろなところに出かけ、人に会い、その間にさまざまな雑用もこなさなければなりません。どれだけ計画を立て、本気でそうしようと思っていても、自分が計画した行動を起こすための時間を作らなければ、なんにもなりません。時間は、管理の仕方ひとつで、あなたの最良の友にもなれば、最悪の敵にもなります。時間の使い方を改善し、望みをスムーズにかなえ、同時にその過程を楽しむため、以下の戦略を使いましょう。

1. 締め切りを設ける。これまで何百人もの人々に時間管理の方法を指導してきたので、これについてはアドバイスできることがたくさんあります。一番のアドバイス、時間の使い方に劇的な変化をもたらすアドバイスは、自分で「締め切り」を設けよう、というものです。つまり、仮想のデッドラインです。

　オペラに出かける準備に1時間半かけることも、30分かけることもできます。どちらにしても、与えられた時間内にやるべきことを全部やるのは簡単です。ある活動にかかる時間はたいてい、その遂行にどれだけの時間を充てるかで伸び縮みするのです。自分とゲームをしましょう。仮想のデッドラインを設けるのです。これは、嫌な仕事を片付けるのにも役立ちます。ごく短時間だけ集中してやれば、気の進まなさもそれほど感じずにすむし、やり終えた満足感も味わえます。注文したピザが届くまで、家の掃除をやろうと自分に言い聞かせます。街へ遊びに行く前に、デートの相手が迎えに来るまで、洗濯物をたたむと決めます。締め切りを設けることで、より集中して作業にかかれま

> 時間はカウチとしてではなく、ツールとして使うべきだ。
>
> ジョン・F・ケネディ（元アメリカ合衆国大統領）

行動するための戦略

す。そして、時間を大切にする習慣が身につきます。

　時間が区切られているとき、人の心と体には却って余裕が生まれ、邪魔が入ったり気が散ったり横道にそれたりすることにも寛容になります。毎日、最低2回は締め切りを設けましょう。じきに、その効果が実感できるでしょう。

2．完璧を目指さない。多くの人が時間を有効に使えない理由のひとつは、たいてい自分でも気づかないうちに次のルールに従っているからです。それは「完璧でなければ！」というルールです。大事な書類を送るときには、なるほど、封筒を閉じる前に見直したほうがいいし、人に道を教えるときは、なるほど、正しく教えたほうがいいでしょう。けれど、現実的にはほとんどの場合、銀行からお金を借りるときほどの正確さは必要ありません。ベッドメーキングは手早く済ませましょう。軍隊にいるのでなければ、ピンと張ったシーツの上でコインが跳ね返らなくてもよいのです。お気に入りのあの赤いお皿が人数分ないと言って、すぐさま買いに走ることはありません。代わりにオレンジ色のお皿を使えばよいのです。自分が「何もかも完璧に！」という意志に取り憑かれていると気づいたら、このことを思い出し、ときには"まずまず"のレベルでよしとしましょう。これによって、どれほどの時間とエネルギーが節約できることでしょう。

3．人の手を借りる。「時は金なり」ということわざをよく耳にします。

完全無欠のものを見ようとする者は、この世にかつてなく、今もなく、永遠にないものを思い描いている。

アレクサンダー・ポープ（イギリスの作家）

あなたの給料が時給50ドルだとして、週に10時間データ入力に費やすとすると、データ入力は普通時給20ドルくらいの仕事なので、あなたの雇い主はこの仕事に毎週300ドルもよけいに費やしていることになります。この考え方を家庭での生活にあてはめてみましょう。あなたが週末に家で過ごせる時間で、目覚めている時間が30時間として、そのうち、15時間を掃除、雑用、芝刈りに使っているとすると、休養や家族と過ごすために使うべき時間の5割を家事雑用に費やすことになります。

　ここで、重大な秘密をお教えしましょう。人生のありとあらゆる雑事をこなすのに、あなたは一番の適任者ではありません。やらなければならないけれど、必ずしもあなた自身がやらなくてもよいことがたくさんあるはず。あなたの時間は、あなたでなければできないことをやるのに使うのが一番です。ジムに通うことはあなた自身でなければ

成功の甘い香り

「自分の時間」ができたら、その一部をぜひ、アロマセラピーに充ててみてほしい。気分を昂揚させ、そのときにやりたいことに気持ちを集中するのに非常に優れたツールなのだ。鍋に湯を沸かし、沸騰したら火を止めてエッセンシャルオイルを2、3滴加える。立ち上る湯気が部屋中に香りを拡散させてくれる。デフューザーやアロマバーナーでも効果は同じだ。気分を明るく上向きにしたいなら、ラベンダーのオイルを試そう。タンジェリン、レモン、グレープフルーツなどの柑橘類のオイルは、行動へのエネルギーを得たいときに効果的だ。洞察や計画といった、より内省的なムードを求めるなら、フランキンセンスを使おう。恋愛には、ローズ、ガーデニア、イランイランがよい。ユーカリ・オイルは空気を浄化し、精神を明晰にし、鼻詰まりも解消してくれる。自分に合った香りを選び、使用前にラベルに書かれた禁忌事項を読んでおこう。

できません。仕事の面接を受けるのも、子供や愛する人と上質の時間を過ごすこともあなたにしかできません。やりたい気持ちからにしろ義務感からにしろ、真にやりたいこと、真に充実と幸福につながることをやり、人に任せられる仕事は任せましょう。

　車の整備、家のペンキ塗り、口座の監査、水道や電気の修理をするのに、自分が最適の人物だとは、普通思わないでしょう。お金に余裕があるなら、自分に合わない仕事は、それぞれの専門の人に頼んでしまってはどうでしょう？　人に頼むか、ほかの方策を考えます。インターネットショッピングで、基本的な食料品を定期的に家に届けてもらうこともできます。近所のティーンエージャーを雇って芝刈りや使い走りをやってもらう、月に2回ハウスクリーニング業者に来てもらうなどしましょう。友人と創造的な協力関係を結びましょう。たとえば、今週はあなたがふたり分のドライクリーニングを出したり受け取ったりし、翌週は友人が同じことをするのです。常に「時は金なり」の精神で自分の時間を大切にしましょう。そうすれば、利益を生む時間、休養の時間、愛する人たちとの上質の時間を手に入れることができます。

　仮想の締め切りを設け、完璧を目指さず、上手に人の手を借りることを心がければ、自分の望みを実現するための時間がもっと取れることでしょう。これによって生まれた時間をスケジュールに組み込みましょう。日記やジャーナルに「私の時間」と実際に書き込みましょう。やっと取れた診察の予約は、めったなことですっぽかしたりしませんね。自分との予約の時間にも、同様の価値とプライオリティーを置いてください。自分と自分の望みは大切です。それにふさわしい時間を充てましょう。

ポジティブな記憶のパワー

すべての昨日は戻らない過去ですが、今日の自分の役にも立ちます。自信をなくし、気力が萎えたときには、過ぎた日々の幸せを思い起こし、このポジティブな記憶を今の夢を追う糧にしましょう。幸せになることは一瞬の決断でできます。必要なときにはいつでも、自分が鋭敏で自信に満ち、楽観的であった過去の状況にしばし浸りましょう。そのときに感じていた感情を思い出すのです。そのときのあなたも同じ自分だったのです。そのときに感じていたエネルギーは今もあなたの中にあるのです。何度か深呼吸したら、想像力を働かせて、そのポジティブなエネルギーを全身に送りましょう。以下の各テーマに思いを巡らせ、わかったことから力を引き出しましょう。また、右頁の瞑想を行なうのもよいでしょう。

1. 人 あなたを幸せにしてくれた人は？　あなたの心に住まうその人を中心に、充足感が光の輪になって広がっていくのを思い描いてください。

2. 場所 あなたが幸せだった場所は？　そこでクオリティーの高い時間を過ごしている自分を想像し、その光景を目に描き、音を聞き、匂いを感じてください。

3. 意志決定 満足感を覚えるのは過去のどんな選択ですか？　かつて自分にみなぎっていた同じ決断力や判断力が自分に蘇るのを感じてください。

4. 達成 あなたに幸せをもたらした達成は？　それを自分がいつでも到達できる成功の水準点と考えましょう。過去の業績は、現在の潜在力をうかがわせるものです。こうした達成よりさらに高みを目指し、成功を収めている自分を思い描いてください。

幸せに優る化粧品はない。

マルゲリット・ブレシントン夫人（アイルランドの作家）

ポジティブな記憶のパワー

瞑想の力
エクササイズ18

心身を穏やかにし、直観を研ぎ澄ます、もうひとつの重要な方法として、瞑想があります。瞑想では、(左頁のような)過去への旅ではなく、内面への旅、自分の静かなる核に深く分け入る旅によって、これを行ないます。

1. じゃまの入らない、静かな場所を選びます。ゆったりした衣類をつけ、楽な姿勢で座ります。(苦しくなければ)足を組んでクッションの上に座るか、まっすぐな背もたれのある硬い椅子に座るかします。

2. 目を閉じて、全身をリラックスさせ、手はひざに乗せます。ゆったりしたリズムで深く呼吸します。しばらくおいて、静かにほほえみます。

3. 息を吸うたびに、色とりどりの雲のような幸せが全身のすべての細胞を満たしていきます。息を吐くたびに、あらゆるストレス、悲しみ、不安が消えていきます。幸せが自分の内側に海のようにあふれてきます。気の向くだけ続けてください。瞑想が初めてなら、5分から始め、徐々に時間を延ばしていくとよいでしょう。

4. セッションを終えたら、一日のうちに何度か深呼吸をして、瞑想中に全身を満たしていたゆったりした充足感を思い出しましょう。

優柔不断に陥りそうになったら

このあたりまで来ると、そろそろ人生について重要な決断を下そうと考え始めた人も多いのではないでしょうか？ 気分や感情が自然に決断につながる場合もありますが、じっくりデータを吟味し、肯定論と否定論を検討するという準備段階が必要な場合もあります。ときには、さまざまな考えが頭の中をぐるぐる回りだし、すっかり混乱してしまう危険もあります。困難な決断は、紙とえんぴつの助けを借りるに限ります。確実に迷路から抜け出す助けになる意志決定の戦略やテクニックを使うのもよいでしょう。

ギリシアの歴史家ヘロドトスが、紀元前450年にこんな話を書いています。ペルシア人は夜遅く酔った頭で重要な問題を話し合って重要な決定を行なったら、一晩眠って素面に戻ったときに、再度その問題を検討したといいます。同様に、素面のときに決めたことは、酔ったときに再考したそうです。これは奇妙なやり方に思えるかもしれませんが、その背景には、気分が盛り上がったときだけでなく、一夜の宴が終わり、気分が静まったときにも正しいと思える決定こそ健全な決定なのだという考え方があるのかもしれません。ペルシア人は、彼らなりに、さまざまな角度から選択肢を検討したほうがよいという基本原則を認識していたのでしょう。

困難な決断はストレスと不安を生みます。普段は誰よりも自信に満ちている人でも、ときには一時的に"決断恐怖症"に陥るときがあります。重大な決断をするのを恐れてしまうのです。何かをするかしないか決められないとき、私たちは行動を遅らせ、受け身になって、時の流れが自分の代わりに決定を下してくれるのをじっと待っています。

「これか、あれか？」方式
エクササイズ19

限られた時間内にやるべきことがたくさんあり、何を優先的にやるべきか決められないときは、「これか、あれか？」方式が、優先順位を決める重要なツールになる。

1. ある時間の枠内にやらなければならないことをすべて書き出します。たとえば、今日仕事で、今週家で、夕食に招待した友人が来るまでに、あるいは家を留守にするまでに、といった具合です。できれば、10項目以内に抑えます。
2. リストの最初の項目を見て、「これ」（項目1）は「あれ」（項目2）より緊急性が高いか自問します。高ければそのまま。高くなければ、項目2と位置を入れ替えます。
3. 同じ手順を2番目と3番目、3番目と4番目という具合に、リストの最後まで繰り返します。順序を入れ替えてリストを書き直します。
4. 書き直したリストを最初に戻って見直し、「これ」と「あれ」を比較して必要に応じて順序を入れ替えます。
5. リスト上で、もう順位の変更はないと思えるまでこの手順を繰り返します。さあ、これでやるべきことの優先順位がはっきりしましたね。

優柔不断は私たちから多くのチャンスを奪う静かな敵です。親族を亡くした友人になんと言葉をかければよいかわからず、結局何も言わなければ、支えと思いやりを示す機会が失われます。何かの大会への参加で迷いに迷い、やっと心を決めたときには期限が過ぎていれば、仲間に会い、その分野の動向を知る機会が失われます。ある人をデートに誘いたいが、断られる可能性もあるのにあえて誘う価値があるだろうかと迷って結局誘わなければ、大切な関係を築くチャンスを失います。

　意志決定は先手必勝です。結論の出ないまま悩み続けることで、あまりにも多くの時間とエネルギーが空しく費やされます。意志決定は時間を管理し、物事をてきぱきと処理するためのツールです。人が意志決定に時間をとられるのは、誤った選択を恐れるからです。けれど、誤った選択が重大な結果をもたらすことはめったにありません。

　手始めに、比較的重要でない意志決定をスピードアップし、重大な決定の時間とゆとりとエネルギーを確保しましょう。重要でない意志決定は、どう決めようがそれで人生が変わるわけではないのですから、

風水の知恵

風水は、家の中の配置を整えることで、家中にポジティブな気の巡りを生み出し、成功や良好な人間関係など求めるものを自分に引き寄せ、不健康や貧乏など好ましくないものを遠ざける中国古来の知恵である。風水ではよく、銀行に預金する前に給料の小切手を鏡の前に置く。収入が倍になるようにという意味だ。同じ理由から請求書は鏡の前にしまわないこと。良縁を求めるなら、物を対で飾るとよい。2本のろうそく、ハート型のクッション2個といった具合だ。

あらゆる可能性を考えて時間をムダにしてはいけません。水着を持っていくかどうかで荷物の量がどれだけ変わるでしょう？ ほとんど変わりません。水着をさっさとスーツケースに放り込んで、忘れましょう。

　大きな決断は、慎重に一歩一歩。やみくもに何かを決めてしまいそうなときは、大事なことを忘れているものです。ひるんだりパニックに陥ったりする必要はありません。この局面をなんとかする時間はあります。思考を鈍らせる不安の雲が晴れるまで、決断は下さないこと。心は自分を苦しめる責め具としてではなく、有効なツールとして使いましょう。

感謝のもつパワー

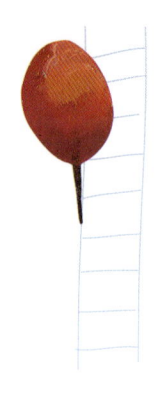

誰しも、人生に意義深く忘れられない影響を与えてくれ、心からありがたいと思える友人がいるものです。私にも幸せなことにそんな友人がひとりいます。アーブ・スピバックです。アーブは、私が働き始めてすぐの、引っ込み思案で不安定であったころ、何くれとなく親切にしてくれました。個人的にも仕事上も私を導き、夕食に呼んでくれ、書いたものに間違いがないか読んでくれ、有益なアドバイスをくれ、多くの素晴らしい人々に私を引き合せてくれました。

2年ほど前、私は、自分にとって彼の指導と支えがどれほど貴重なものだったことか、なんとか感謝の気持ちを表わせないものかと考えました。当時のアーブは健康上の問題を抱えていて、気を紛らしてくれる恋も安定した仕事もなく、少々元気をなくしていたという事情もあって、その思いはますます強まりました。

アーブは、サンフランシスコの美しい植物園の一隅が好きで、そこを「思索空間」にしていました。たいていの公園と同じく、そこには亡くなった愛する人の思い出のために誰かが寄付したベンチがいくつか置かれ、小さなプレートに寄贈者の名前と日付、それにたいていは短い献辞が書かれていました。そこで私は思いついたのです。せっかく、これほど意義深い贈り物によって公に感謝の気持ちを表わすなら、それをその人が生きて楽しめるうちにしてはどうでしょうか？ 私はアーブが人生に与えた影響に感謝する120名の人々に呼びかけて5000ドル集め、彼に植物園のベンチをひとつ贈ることにしたのです。私たちはそれを、彼の誕生日に大きなびっくりパーティーを開いて贈呈しました。そこにはアーブが長らく会っていなかった旧友も駆けつけました。

感謝はあらゆる美徳の最大のものであるばかりか、ほかのあらゆる美徳の父母である。

キケロ（ローマの雄弁家、文筆家、政治家）

感謝のレッスン
エクササイズ20

感謝は、この素晴らしい出来事や素敵な人に出会えた自分はどれだけ幸運で特別かという気づきから生じます。以下のふたつのエクササイズを行ない、感謝すべきすべてのものに気づいてください。

パートA
1. 人生に目を向けましょう。あなたが感謝している人は？ 10人の名前を挙げ、その横になぜ感謝しているかを書きましょう。それは具体的に何かしてくれたためですか？ それとも、ただ、その人の存在に対してですか？ あなたの人生への貢献を書いてください。
2. この人たちに連絡をとり、今書いたことを伝えましょう。電話でも手紙でもEメールでもいいけれど、もっといいのはいっしょにお茶かコーヒーでも、と誘うことです。
3. このうち4人を選び、その人たちがほんとうに喜んでくれることを何かしましょう。その人の人生に大きな意味をもつことを選び、可能なら、うれしい驚きにしましょう。

パートB
1. 毎日誰かによいことをひとつするのを習慣にしましょう。
2. 毎日、パワー・シンキング・ジャーナルにうれしいことを最低五つ書きましょう。五つ思いつくまでは絶対にペンを置かないで！

アーブは今、自分のベンチに座ることができ、そこには彼の名前が入っています。プレートには、「よく生き、よく愛し、よく笑うアーブに敬意を込めて」と刻まれています。私たちがこうしたのは、アーブがこのベンチを、自分がどれほど多くの人に愛され、どれほど意味のある存在なのかを思い出すシンボルとして役立ててくれることがわかっていたからです。その日以来、アーブはどんな場合も人生に「イエス」と言い始めました。友人にゴスペルの合唱団に入らないかと誘われたときでさえ、ニューヨーク出身のユダヤ人で歌など歌ったことがないにもかかわらず、「冗談だろ？」とは言わず、「イエス」と答えました。今、彼は日曜ごとに、感謝の喜びを歌で新たにしています。人生に感謝の念を持ち、常に喜びを抱いているおかげで、元々豊かだった生活が、さらに豊かなものになりました。

　人生には、常にもっと感謝を取り入れる余地があります。もっと感謝の気持ちを表わし、もっとほかの人から感謝の気持ちを受け取る余地です。医師の友人から聞いた話ですが、免疫系の働きさえ、誰かから喜ばれ、感謝の気持ちを表わされるたびにぐんと活発になるそうです。逆に、ストレスや落ち込みは脳内の化学変化につながり、免疫系の働きを抑えてしまうそうです。誰かに感謝の思いを伝えることは、相手の不安を取り除き、免疫系の正常な働きを回復させることになるのです。

感謝の気持ちを表現すればするほど、相手の親切さや寛容さを引き出し、さらにあなたは感謝の念を抱くことになるでしょう。感謝の気持ちを、毎日味わうはずのものと考えましょう。バードウォッチングで、珍しい鳥を見つけたばかりのときは感覚が鋭敏になっていて、続けて珍しい鳥が見つかり易いといいます。これと同じで、感謝を一度表わすと、すぐにまた感謝を表わす理由が見つかります。

　感謝の気持ちは贈り物によって倍加されます。小さな何かが一瞬の「ありがとう」を、特別の日、親しい人間関係、素朴な親切を一生の思い出にしてくれます。私の最初の恋人は、小さなペルシアじゅうたんをふたりの関係の記念にくれました。15年たった今も、見るたびに心が和みます。昨年、友人たちと出かけた夜のあと、中のひとり、トムがその夜の写真をコラージュにして額に入れたものをくれました。友情を表わす最高のプレゼントです。私はそれをホールの壁にかけ、人生を豊かにしてくれる特別な人々を毎日思い出しています。

　さあ、この瞬間から、感謝の気持ちを率先して表わす決心をしましょう。感謝を覚えたら、それを心から味わうのです。それをあらゆるところに広げ、その気持ちをそっくり感謝する相手に届けましょう。

感謝のコレクション

あなたがしたこと、言ったことに対して、誰かがお礼の手紙やカードをくれたら、とっておこう。それをいつでも簡単に取り出せるところに保管する。箱かアルバムにこうした手紙を集め、心が沈んだとき、読み返すのだ。自分がした良いことがひとつもなく、自分に感謝してくれている人がひとりもいないように思える日には、この感謝のコレクションを取り出して、しばし自分の価値を再確認しよう。

寛容な心をもつ

あなたがこれまで親切にしてきた相手、時間を割き、さまざまなものを提供し、敬意を払い、ことによるとお金まで与えた相手がいることでしょう。いろいろよくしてあげた相手もあり、そのためにほかの関係を危険にさらしたこともあったでしょう。こうした人々のうち、そのことをありがたく思ってくれている人もいるでしょうが、一方で、あなたが与えたものに気づいてもいない人もいるでしょう。

恨みは、醜く重い荷物です。誰かが何かの理由で大昔にした、あるいはしなかったことを根に持って、親族やかつての友が何年も口を聞かなかったりするなど、恨みがもたらす哀しみは知っての通りです。恨みの代償は、パズルのような人生です。ピースがひとつ欠けているために、いつまでたっても完成しないパズルです。

何かが欠けた人生を送るのはやめましょう。人を許しましょう。恨みは頭と心を曇らせます。不義を働いた女性に石を投げつけて殺そうとした人々に、イエスは言いました。「あなたがたのうち、罪を犯したことのない者が最初の石を投げなさい」。ときには、あなた自身もほかの人のやさしさに気づかなかったことがあるはずです。「ありがとう」を言い忘れ、特別な誘いに応じず、人の好意を受け流してしまったことがあるでしょう。たいてい、こうした不義理は意図的なものではありません。ほかに大事なことがあって気を取られていたのか、単にうっかりしていたか。そういうことはあるものです。誰かが同じことをあなたに対してしても、ただちにそこに悪意があると思わないことです。

いつも与える心で人に接する人は、寛容なライフスタイルが習慣となります。私たちが豊富に発散するエネルギーは再生するのです。これがカルマの原理です。私たちはパワー・シンキングの道を歩むことに

よって、人に失望させられることでエネルギーを奪われるのではなく、自らの自己再生エネルギーによって生きることを暗黙のうちに選んでいるのです。人の見習うべき行動には賞賛を送り、良いところを見つけて敬意を払い、恵まれない人がいれば親身になって支えるけれど、人の弱い部分に影響されないこと。

　つまるところ、これは恨みを忘れるということに尽きます。恨みは精神を停滞させます。寛容であることの喜び、人の役に立てる喜びを知り、個人的な見返りを求めないことです。これが無理難題に思えたとしても、挑戦あるのみ。保証します。じきに、どうしてこんな当たり前のことに気づかなかったか不思議になるでしょう。

容認することを学ぶ

　自分と自分が選んだ道をこれでよいと認めるべきときは、いつでしょう？　かなりの道を歩き、正しい方向に進んでいると確信できたときですか？　いいえ、違います。今日をおいてほかにはありません。昨日は思い出(メモリー)、明日は神秘(ミステリー)です。けれど、今日の自分をどう扱うのですか？　昨日やると言ったことを全部やらなかった自分に腹を立てて過ごしますか？　自分の体重、収入、恋愛、家庭環境に不満を抱いて過ごしますか？　それとも、今の自分、今いる場所をこれでよいのだと認めますか？　私たちは自分に、そして、人に不満を持つことに、エネルギーをかけすぎます。そのエネルギーを肯定することに回しましょう。認めることは選択であり、その選択によって、自分を肯定するという素晴らしくポジティブな力を発揮できるのです。

　自分の人生を旅と捉えることは、それ自体ひとつの肯定です。人は電車やバスに乗っていったん席に落ち着いたら、次の駅や停留所はまだかと絶望的に焦ったりはしません。そこがだいたいどのくらい先で、あとどれくらいかかるかわかっているからです。同じように、いくつかの目標はまだはるか彼方であっても、人生における自分の今いる位置を受け入れるのです。たとえば、あなたが今、自分のキャリア、庭、あるいは体型について長期的な変革に取り組んでいるとしましょう。今日の状態を認めず、常に現実よりはるか先にいられたらと望んでいたら、よけいな苦労が増えるだけです。旅の全体を認めるなら、旅のあらゆる段階を認めることができるはずです。今日に「イエス！」と言いましょう。

　何か選択をしたら、それを撤回しない限り、その選択を肯定しまし

パワーとは、気に入らないことを受け入れる能力である。

エリザベス・ジェーンウェイ（アメリカの小説家）

ょう。たとえば、友達のパーティーで準備を手伝うと言ってしまったから、出かけることにしたけれど、その晩はできれば家のカウチでのんびりしていたい気分だとします。でも、行くという選択をしたのなら、それを認めましょう。私のいたい場所はここじゃないなどと一晩中考えるのはやめましょう。何の足しにもならないし、今いるところが楽しめなくなります。あなたはパーティーに来たのです。自分を肯定するというポジティブなパワーを最大限に発揮しましょう。

　ポジティブになることが必要なのは、自分自身を認める場合だけではありません。自分でコントロールできないことに捕われれば、たちまち心の平和が乱され、精神が曇ります。やがてはエネルギーまで蝕まれます。友人の新しいパートナーが気に入らないからといって、それにこだわらないこと。ふたりの関係を、そして、友人の選択を認めましょう。渋滞や天気が気に入らないからといって、あなたにはどうすることもできません。それより、事態をあるがままにポジティブに受け入れ、自分に最善の対処法を考えましょう。

　自分のネガティブな反応をふるいにかけ、適切な行動に結びつくものだけを通過させましょう。いかなる行動も不可能なら、受容のパワーを身につけるべきです。変えられないものは受け入れ、心の平和を手に入れましょう。

偶然のチャンスを生かす

目標まであと一歩なのかもしれないけれど、心がくじけそうなときは、ちょっと立ち止まって別の方向に歩いてみたり、最初の地点に戻ったりしてみましょう。目指すものは意外に近くにあるかもしれません。これを、自分が決めた道をあきらめずに歩き続けるための原則にしてください。そして、実現につながるものなら、どんなわずかなチャンスでもつかみましょう。偶然を利用しましょう。宇宙はしばしば、あなたの望みを実現するために、偶然という形でそれを送り届けるのです。人生を望みの方向に近づけてくれそうな偶然は決して逃さず、イエスと言いましょう。一番大切な願いとあなたを結びつける完璧な縁が、意外なところに転がっているかもしれません。近所の人から、あなたがもっと大きい家に移りたがっていると聞いたけれど、不動産を扱っている友人からある物件の話を聞いた、と言われたら、耳を傾け、行動しましょう。

結婚して10年以上になるエイミーとジョンは、ずっと赤ちゃんを養子に迎えたいと思っていました。ふたりはあらゆるところに声をかけ、養子縁組のネットワークに登録し、弁護士を頼み、養子を求める夫婦のためのサポートグループにも入りました。数年が過ぎ、グループのほかの夫婦はみんな親になっていきます。エイミーは希望を捨てず、赤ちゃんは最適なときに最適な形でやってくると信じていましたが、信じ続けるのもだんだん難しくなってきました。

そんなときエイミーの母親が、ある地元の小さな新聞に広告を出して赤ちゃんを養子にした女性がいることを教えてくれました。そして、エイミーにもそうしてみたらと勧めたのです。エイミーは母親の考えを頭から否定しようと思いました。広告なら、大きな新聞に何度も出

> 冒険はそれ自体にやってみる価値がある。
>
> アメリア・イヤーハート（アメリカの飛行士）

したことがあるが、まったく成果なしだった、と言いかけたのです。けれど、ふと考え直しました。母親はひとつのきっかけをくれたのです。これを実行に移せば、運命が開けるかもしれません。失うものは、わずかな時間と数ドルのお金、そして、何より大きいのが、またも失意を味わわされる数日間です。運命の行き詰まりを感じたとき、これがたいてい一番つらい代償です。望みをかなえるためには、必要なら何度でもこの代償を払い続けようとする意志が必要なのです。

　エイミーはすぐさま、母親になりたいという自分の切なる願いをかなえるためには、このリスクを負う価値があると心を決めました。彼女はその新聞に広告を出しました。「幸せな夫婦、赤ちゃんを養子に求

行動のチャンスをつかむ

私のワークショップでは、参加者に「行動促進カード」を作ってもらう。これは「統制された」偶然を利用し、自分の行動に拍車をかける愉快な方法である。厚紙を切って、名刺大のカードを24枚作る。一枚にひとつ、好きな動詞を書く。動詞は一般的でさまざまな状況にあてはまるもの（踏み出す、表わす、促す、述べるなど）にする。あるタイプの活動にしか使えない具体的な動詞（料理する、踊る、歌うなど）は避ける。全部書けたら、この行動促進カードを封筒に入れる。ちょっとした元気づけがほしいときに、カードに賭けてみよう！　封筒に手を入れ、カードを見ないで一枚取る。その日は一日中、カードに書かれた行動をできるだけ何度も行なわなければならない。水平思考で行こう。「受け入れる」なら、変化を、人を、アイデアを受け入れるといった具合だ。

む」。それから何日もたたないうちに、エイミーとジョンは妊娠した女性から電話を受けました。ふたりは出産までずっとその女性の世話をし、やがて無事誕生したふたりの娘ゾーイを連れて家に帰ったのです。

　宇宙は、あなたが心から望むものを輝く黄金の箱に入れ、赤いリボンをかけ、あなたの名前を書いたカードをつけて、戸口に置いてくれるとは限りません。あなたの願いが本気なのだと宇宙を納得させ、望むものを手に入れるには、普通と違う、これまでにない、ときには突飛なことをしなければならない場合があるのです。夢をかなえるチャンスはたくさんあるのかもしれません。けれど、ほとんどはビロードの包みのような私たちが思い描く完璧な形ではなく、みすぼらしい破れた紙袋に入って届けられるために、気づかずに見過ごしているのです。

　妊娠して、赤ちゃんを養子に出したいと思っていた女性が、エイミーとジョンの広告を読み、心を動かされたのは、何かの巡り合わせ、運命、それとも単なる偶然でしょうか？　それは誰にもわかりません。あなたが望むものが、なぜ、どこで、どんな包みで届くかは重要ではあ

チャンスをつかもう──旅をしよう！

偶然の出会いが、思いも寄らない自己成長のチャンスになることがある。予定外のことをやりたくなったら、特にそれが旅に関するものなら、その衝動を無視しないこと。自分自身に戻るために未知の旅に出るべき時もある。ジルは東南アジアへの旅を大いに楽しみにしていた。何カ月も前から準備してきた旅行だった。出発の数日前、南米のある作家の講演を聞いた。そのとき、南米が自分を"呼んでいる"と感じた。彼女はその感覚を信じ、東南アジアへの旅をキャンセルし、南米に行って2年間そこで働いた。未知の世界を探求したいという衝動が、自分を──そして、自分の大きなパワーを──より深く知ることにつながったのだ。そろそろ旅に出かけてみては？

偶然のチャンスを生かす

りません。肝心なのは、それが届いたときにあなたがそれに気づくかどうかです。そして、あなたが自分自身と自分の運命を信じるなら、きっと気づくことができます。

　あなたの言葉が本気であることを宇宙に示しましょう。あなたの望みをかなえてくれる望みがわずかでもありそうなチャンスには、イエスと言いましょう。それがどんなふうに訪れるか、どこからやってくるかわかりません。あらゆる可能性に心を開きましょう。思い切ってチャンスに賭けるのです。

111

人からパワーを受け取る

祖父はよく言ったものです。「ブオナ・ゲンテ・エ・ブオン・マカロニ・ソノ・ウグアリ」——「いい人間とマカロニは同じだ」。なぜか？　どちらも温かいのが一番だからです。あなたに影響や刺激を与えてくれた人たちのことを考えてみましょう。あなたにとってその人たちが大切なのは、何かポジティブなところがあるからでしょう。それはおそらく、その人たちの温かさ、つまり、親しみやすく、人を大らかに受け入れる人柄ではないでしょうか。

私たちがつながりをもつ人々は、私たちの思考や気分や行動に影響を与えます。温かく寛容で、人生のあらゆる可能性を追及する先手タイプの人々に囲まれていれば、あなたも同じ行動をとる可能性が高まります。逆に不満たらたらのカウチポテト族に囲まれ、怠惰な言い訳ばかりの繰り言を始終聞かされていたら、エネルギーが徐々に消耗していきます。

私の友人に警察官がいるのですが、ある日、警察署で彼が顔写真をいっぱい貼った掲示板を見せてくれたことがあります。上には大きな黒い字で「退去者リスト」と書かれています。これは暴力事件以外の犯罪行為で何度も警察に捕まった人たちです。彼らは犯罪を犯した地域から離れるのを条件に、仮釈放されることがあります。古い仲間、つまり、彼らに悪い影響を与えた人々を避けることで、かつての悪習に戻りにくくするという考え方です。

離れていたほうがあなたのためになる人は誰ですか？　あなたの態度にネガティブな影響を与える人は誰ですか？　あなたを批判し、冷たくし、あなたの考えを頭から否定する人は？　その人が去ると、いつもほっとし、心の重石がとれたように感じる人は？　こういう人々

> 人が自分をどう思うか気にするより、自分が人をどう思うかを気にかけよう。
>
> フェイ・ウェルドン
> （イギリスの小説家）

人からパワーを受け取る

人間関係の見直す
エクササイズ21

以下のふりかえりを通じ、自分の人間関係を見つめ直しましょう。

1. パワー・シンキング・ジャーナルか紙を2枚用意します。
2. 1枚目に、あなたが私生活でつながりを持っている人たちの名前をすべて書き出します。友人、家族など、あなたが頻繁に交流し、気にかけている相手です。2枚目には、仕事上つながりのある人々を書き出します。
3. その名前をひとつひとつ眺め、声に出して読み上げます。名前を口にするとき、どんな気分でしたか？　その人についてどう感じているか、その人に意識を集中したとき、自分をどう感じるか、しばらく考えます。
4. 気分がよくなる関係、自分のためになり、人生を豊かにしてくれる関係には、名前の横に星印をつけます。心が弾まない、何らかの意味で気力を奪われる関係には、横に丸をつけます。
5. 横に丸のついた関係をもう一度眺めます。この関係を改善するために何か言ったりしたりできることがありますか？　あれば、行動を起こしましょう。なければ、この関係を終え、人生から解き放つときかもしれません。その関係が不本意で、かつ重大な欠陥があるなら、一番効果的な対処のしかたを考えるしかありません。まず一線を引き、接触を減らしましょう。

こそ、あなた自身の「退去者」です。名前を覚えておいて、この人たちからは距離を置きましょう。

さて、心の中にもうひとつ、大きな字で「歓迎者リスト」と書いた掲示板を掲げましょう。そこにはあなたがもっといっしょに過ごしたい、その影響を受けたいと思う人たちの顔写真が並びます。あなたが素晴らしいと思う特質をもち、さまざまなことを教えてくれる温かい人々です。こういう人たちをすべて思い浮かべます。そして、いっしょに過ごしましょう。

最良の人間関係とは、私たちによりよい人間になることを迫り、生きることの意味を教え、自分自身の隠れた可能性に目覚めさせてくれる関係です。けれど、生活のテンポが速くなり、私たちは日々やるべきことをこなすために、自分の内にある資源のみに目を奪われて、何よりも素晴らしい資源、すなわち、人を見落としてしまいがちです。温かく素晴らしい人たちを見つけ、そのパワーをもらいましょう。あなたの「歓迎者」ともっとつながりをもちましょう。

最も付き合い甲斐のある人々が誰かがわかったとして、では、どうすればその人々から十分なパワーをもらえるのでしょうか？ 答えは、その人たちと過ごすときに、彼らのよさを引き出すよう努めることです。その機会を、単にお茶を飲んだり食事をしたり映画を見たりして最近の話題を話し合う、というだけに終わらせないこと。ポジティブで質の高い、それぞれのパワーを与え合うような関係の持ち方を意識して人に会うこと。それがうまく行ったとき、あなたは愉悦を味わうことでしょう。相手から得られる祝福をポジティブに味わいながら、同時に与える喜びを堪能するのです。以下に、物事がこの方向で進み、自分が心から生き生きとパワフルに感じられるような、自分自身やほか

の人との関係の持ち方を実現させるための戦略を挙げました。

1．**勝利を共有する**。友人に会ったら、「元気？」「最近、どう？」といった言葉を、形だけのあいさつで終わらせないこと。友人が自分の勝利をあなたに話したくなるような気持ちのこもった聞き方をしましょう。勝利とは、大小にかかわらず、仕事で昇進した、雑誌に詩が載った、健康証明が出たなど、何らかの達成です。いつまでも麓をうろうろしていないで、一気に山頂を目指す質問をしましょう。たとえば、「最近、どんなことに一番わくわくした？」「何かにぶつかって苦労して乗り越えたってことは？」といった具合です。これはあなたが慣れているスタイルより、少々単刀直入に思えるでしょう。でも、大丈夫。保証します。相手はきっと、自分のことを語れる質問を歓迎するでしょう。

2．**肯定の気持ちを伝える**。あなたがその人をどう思っているか、どんな良さを認めているかを相手に伝えましょう。相手のユーモア、知性、洞察、やさしさ、素敵な抱擁などが大好きだと言うのです。こうした気持ちを包み隠すことは、関係を冷たいものにします。

3．**パワフルな頼み事をする**。人はあなたにアイデアやさまざまな資源をもたらしてくれます。ただし、それはあなたにそれが必要だとわかったときだけです。温かくてパワフルな人間関係をもっていることは、それ自体素晴らしい資源です。それを知恵、知識、経験の源泉、そして、自分をもっとよく知るため、自分の野心や信念を試すための鏡として使いましょう。相手があなたの人生の最も深い部分については語りたがらないという思い込みは捨てましょう。最も深いということは、たいてい最も重要だということです。親しい人たちは、あなたを助け、あなたの力になりたいと思っています。その人たちに手を差し伸べる方法を知らせましょう。

まわりの人のパワーを結集する

前項では、個々の友人関係がどれほど私たちの役に立つかについてお話しました。友人関係は私たちを心から生き生きさせ、世界とのかかわりを深めてくれます。そして、具体的で実際的な貢献、たとえば、何かの手助けや確かな情報から、アドバイスや情緒的なサポートまで、あらゆるものを与えてくれます。

こうしたことは、ほかの人のパワーが自分の自己実現にとってどれほど重要かを直観的に知っている人たちにはすんなり納得してもらえるでしょう。おそらくもっと意外なのは、こうした相乗作用が偶然による友情の副産物というよりは、意識的に生み出せるものなのだという点でしょう。私がパワー・パートナーシップと呼ぶ関係を生み出すことは大いに価値があります。これは、希望する目的のために互いの合意に基づいて結ばれる関係です。パワー・パートナーシップは、外国語を学ぶ、結婚相手を見つける、サマーハウスをつくるといった目的達成の助けになります。あなたの望みが何であれ、そこに至るためにパワー・パートナーシップを（ひとつでもふたつでも！）結びましょう。

可能性としてこれよりさらにパワフルなのが、互いの自己実現を使命とし、協力し合い、アイデアやサポートや情報を共有することを明確に意図したグループの結成です。

私は長年、集団による成長、達成、サポート、自己への気づきを目的としたいくつかのグループを、ファシリテーターと参加者の両方の立場で経験してきました。私が失敗を犯すのを防いでくれた関係もあれば、奇跡のようにポジティブな関係もありました。私はそこから同じ目的をもった人が集まったとき、どれほどのことが可能になるかを教えられたのでした。

まわりの人のパワーを結集する

パワー・グループをつくる
エクササイズ22

人は自分や誰かひとりの人に対してより、集団に対してのほうが、責任感を強く感じるようです。乳癌X線写真検診を予約しようと思い立ったら、パワー・パートナーが次回そのことを聞くとわかっていたほうが、実行の見込みが高まります。集団のエネルギーは会合と会合の合間の生活にも弾みをつけてくれるのです。以下は、グループ結成や参加の際の心得です。

1. パワー・パートナーは賢く選びましょう。誰もがグループに価値をもたらしますか？ 参加度のバラツキはありませんか？ 違うことをやりだして集団をかき乱す人はいませんか？

2. 使命をもったグループにしましょう。合意に基づく明確な目的がなければ、人は参加を期待されることに憤りを覚え始めます。目的は協同歩調のとれるものにし、お互いに明言します。必要に応じた軌道修正も視野に入れて。

3. 人数を賢く決めましょう。集団の目的によって、最大のパワーを生む集団のサイズは変わります。人数によって異なる集団力学が働くのです。最適人数になるまで実験しましょう。

眠りのパワーを活かす

パワー・ドリーミング——耳慣れない言葉ですね。行動と言えば、人はおそらく多少とも体を動かす活動を思い浮かべるでしょう。電話をかける、授業に出る、家を改装する、事業を起こすなどです。一晩ぐっすり眠ることは、あなたの行動リストには含まれていないでしょう。けれど、これをぜひ優先事項に挙げてください。「一晩寝て考える」という表現を聞いたことがあるでしょう。目的をもって眠ることは、パワー・シンキングの貴重なツールなのです。

明白なのは、ぐっすり眠れば、より鋭敏になり、頭も冴え、生き生きし、やる気が湧いてくるという点です。それだけでも十分な理由ですが、問題解決能力が高まる、創造的にものが考えられる、いっしょにいて楽しい存在になるといったこともあります。安眠のためには、以下の注意点を守りましょう。

> 自分のようなちっぽけな存在にどんな影響力があるかと思うなら、試しに一匹の蚊といっしょに寝てみるとよい。
>
> アニタ・ロディック
> （ザ・ボディショップ創業者）

1. 寝る前にものを食べない。これには、生物学的な理由があります。体の活力を回復するのに使われるべきエネルギーの大半が消化に回るからです。就寝前の2、3時間に何も食べなければ、よく眠れるだけでなく、目覚めもすっきりし、朝のお腹がふくれた感じもなくなるでしょう。

2. ベッドに入る2時間前から運動をやめる。運動は心身を活性化するため、朝にやれば最高です。運動により、一日の活動のエンジンが

118

かかります。夜にやると、エンジンを止めたくても止まらなくなります。

3．寝る前はカフェインやアルコールを避ける。カフェインは運動と同じで興奮性があり、たいてい眠りを妨げます。アルコールには鎮静作用があります。寝る前に飲むと、深い眠りを妨げることがあります。

4．ストレスのかかる活動を避ける。寝る間際に家族と込み入った議論をしたり、家計が心配なときに金銭の管理をしたりすると、眠りに落ちてからも頭が忙しく働き続けます。

5．寝室は睡眠と性とリラックスの空間にする。レポート作成、Eメールの返事、キッチンの改造計画などに寝室を使わないこと。頭を使う作業はほかの部屋でやりましょう。寝室を生産性とではなく、睡眠と結びつけましょう。

6．ベッドに入る前の1時間はくつろいで過ごす。仕事や家事はほかの時間に回しましょう。代わりに読書、瞑想、ジャーナル書きなど心の鎮まる活動をしましょう。フットバスも寝る前のリラックスに最適です。

7．毎日同じ時間に寝る。自然な眠りのリズムができ、毎日だいたい同じ時間に寝て起きる習慣がつけば、睡眠と覚醒が必要なときに訪れます。

確実に熟睡できるようになったら、睡眠時間を潜在意識によるパワー・シンキングの時間としましょう。この幕間に潜在意識の焦点があなた

の課題や野心に絞られるのです。こうしたことすべてを考えているのはあなたではなく、あなたの潜在意識です。潜在意識を思考や人生を前進させるために活用できれば、それは強力なパワー・パートナーとなります。

　眠りに落ちる前の15分間は、貴重な創造の時です。この時間に、明日、あるいは未来に起こってほしいことを穏やかに、不安を覚えることなく思い起こし、同時にそれを実現させるべく動き出すよう自分の潜在意識に命じるのです。あなたが直面している課題の解決策を見出すよう指令を与えましょう。原稿や企画書、辞職願のプランを練るよう指示します。あなたが眠っている間に、潜在意識がアイデアをまとめてくれるでしょう。寝入りばなに視覚化による瞑想を行なったり、パワー・ステートメントやアファーメーションを述べたりするのもよいでしょう。よくないのは、さまざまな状況を微に入り細に入り検討すること、言い換えれば、外面的な建設的思考を行なうことです。自分の信ずるところを繰り返し述べ、潜在意識を仕事にかからせるのです。この仕事に自ら立ち向かわないこと。そんなことをしたら、眠れなくなります。

　パワー・スリーピングの効果を最大に引き出すために、朝の15分間も利用しましょう。目覚めて頭のもやもやが晴れていく間です。これは自分の行動プランを見直し、その日の決意を述べる時です。眠って夢見る時間をパワフルなものにすればするほど、目覚めている時間もパワフルなものになるのです。

眠りのパワーを活かす

睡眠中のパワー・パートナー
エクササイズ23

以下の手順に従って、潜在意識を睡眠中のパワー・パートナーにしましょう。答えが見えなくなったときだけでなく、いつでも行なってください。

1. 人生に行き詰まりを覚え、万事が不確実に思えるときは、早めに布団に入り、ひと晩ぐっすり眠ってみましょう。

2. 寝入りばなに潜在意識に「踏み込んだ問い」をしてみましょう。踏み込んだ問いとは、イエスかノーでは答えられず、さまざまな答えが引き出せる問いです。それによって、潜在意識は自らの深い知恵を自由に探ることができます。たとえば、「どうすれば人生をもっと楽しめるか?」「どうすれば人間関係でもっと満たされるか?」といったことです。眠っている間に潜在意識が課題を解いてくれます。

3. 朝起きたら、同じことを再び問い、浮かんだ答えを書き留めます。編集を加えないこと。そのまま書いておいて、あとでしっかり目覚めたときに読み返します。

4. より具体的な問題についても、同じ方法を試みます。たとえば、「ネパールへの旅に出かけるべきか?」「自分の選んだ職業でもっと専門を絞るべきか?」などです。

潜在能力を引き出す

パワー・シンキングの道を目指すとき、眠りは人生にはかりしれない助けとなります。このことが意外なら、おそらくそれは最も充実した人々は最も集中し、最も効率的な人々だという考えに慣らされているからでしょう。それは確かにそうですが、集中や効率は、知性、理性、常識といった能力が司る領域のみに限られるものではありません。こうした能力も重要な道具ですが、道具箱の中身はそれだけではありません。それに劣らず重要なものに、直観、想像力、共感、それ以外にも名前もない不思議な能力があります。

あなたの潜在能力をひとりの人と考えてみましょう。あなた自身のより進歩した分身であり、あなたの心と体の中に棲み、さなぎの殻を破って天使が飛び出すように、現われ出るべきときを待っています。その人は、あなたより優れた知性を持ち、聡明で俊敏です。こうした点は左脳の特性です。けれど、創造性と洞察力は右脳と関係があり、潜在能力の実現には同じくらい重要なものです。天才的な芸術家、音楽家、コメディアンの条件はなんでしょう。確かなことはいえませんが、それが知性だけではなく、もっと深遠なものの働きであることはわかります。私たちもこの不思議な能力を持っているのです。私たちの中には、科学者の目に見える以上の能力が潜んでいるのです。自らの内にある不思議を信じてください。それが自分のために働いてくれることを信じるのです。

潜在能力を引き出す

散歩の効力
エクササイズ24

人が歩くと脳がマッサージされ、筋肉が動き、さまざまな感覚が起こり、振り子のような単調なリズムに心が落ち着きます。「左、右、左、右」のより洗練されたリズム、理性と感情を中和する深い能力が働き出すのでしょう。パワー・スリーピング（参照→121頁）同様、ここではウォーキングをパワー・シンキングの味方につけましょう。

1. 時間と空間の制限をできるだけなくしましょう。朝を散歩の時間にあて、ほかの予定を入れないようにします。足のおもむくまま、好きなところへ出かけます。

2. トピックを選びます。歩きながら考える問題や課題を選びます。

3. 快適な衣類をつけ、ウォーキング用の靴を履いたら、玄関を出て歩き出しましょう。あるいは、公園など自然のきれいなところまで車で出かけます。

4. 当てもなく歩きましょう。慌てないこと。周囲の眺めを楽しみ、何か興味を引くものがあれば、立ち止まって眺め、浮かんできたパワフルな思考に耳を澄ませます。もう十分と思えたら、きびすを返してゆっくり歩いて家に帰りましょう。

5. 週に1回、あるいは視野を広げ、解決を探りたいと思ったとき、散歩に出かけましょう。

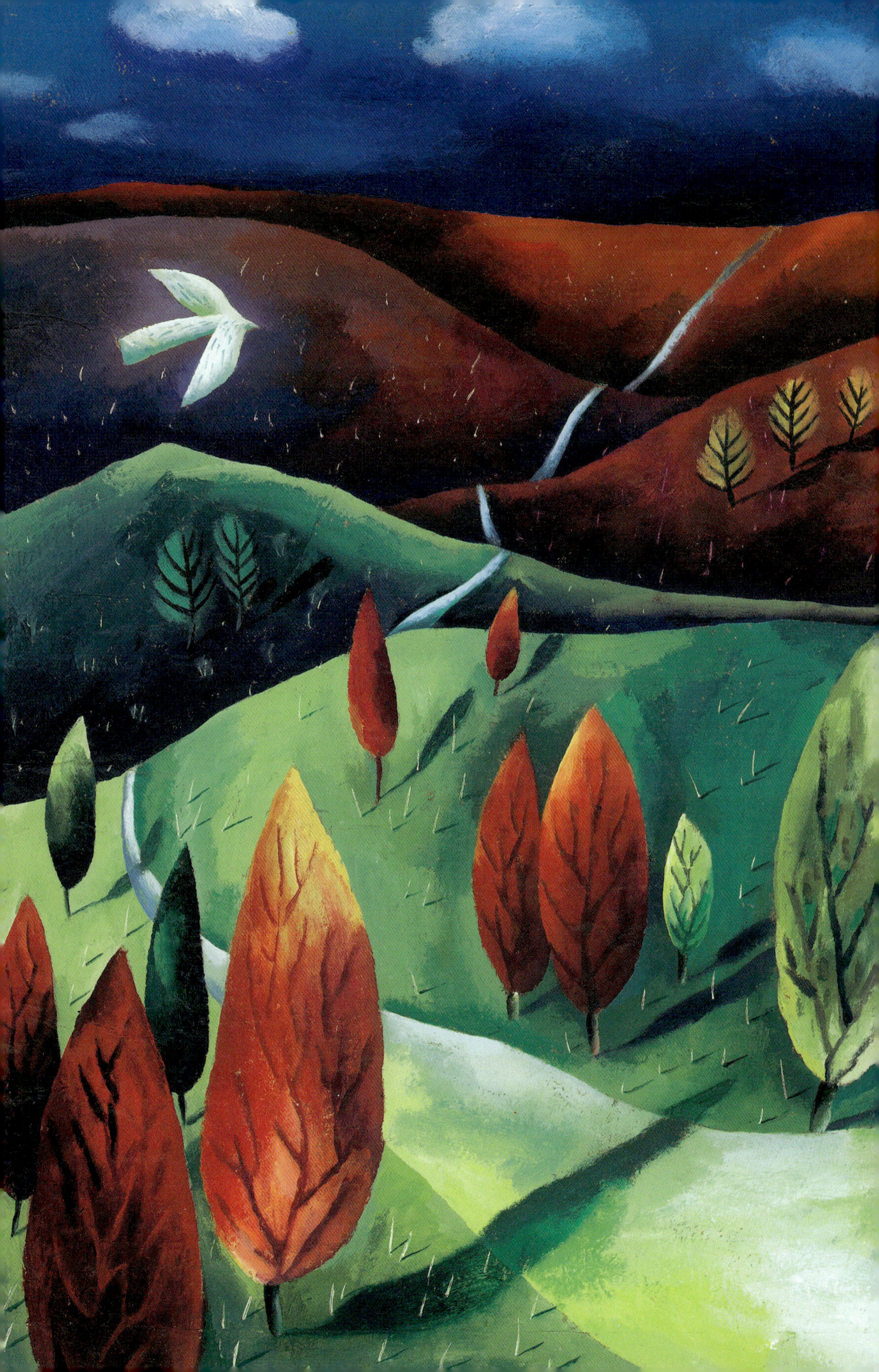

回復力をつける方法

第5章

　見知らぬ土地への旅立ちは、成功への、少なくとも興味深い旅への興奮と期待と希望をかきたてます。けれど、出発は簡単です。もっと難しいのはその道を歩き続けること、脇道にそれたり途中で何かに気を取られたりしないことです。とはいえ、ときには少しぐらいの寄り道は良しとしましょう。人生の旅路はまっすぐではありません。ジグザグもあるでしょう。思いがけなく早々に次の段階に進めるときもあれば、何歩も後退したように感じることもあるでしょう。そんなときには、ちょっと休んで考えていいのです。そして、元気が出たら、再び歩きだしましょう。

　この最後の章では、前向きの思考を一生の友とするために必要な回復力をつける方法を学びます。物事がうまく行かないとき、何が起こり、どう対処すればよいかを探ります。また、これまでに学んだ最も重要な原則のいくつかをおさらいします。そしておしまいに、この素晴らしい旅の一歩一歩を楽しむ方法を、いくつかのレッスンをまじえて取り上げます。

それぞれの人生の時刻表

陸上競技や二人三脚のレースと違って、人生は競争ではありません。あなたの使命は一位でゴールすることではありません。最短時間で駆け抜けようとすれば、人生の手触りを味わい損ねます。その手触りにこそ、人生の美しさも、喜びも、学びもあるのです。人はしばしば頭の中で仮想の締め切りを設けてそれを守ろうとします。「30歳までに結婚しよう」「35歳で最初の家を買おう」「40歳には百万長者になろう」といった具合です。締め切りを設けることで計画が立てやすくなり、行動に弾みがつきます。けれど、仮想の締め切りを過度に重要視し、単なる計画のツール以上のものと考えだすと、内面の不安が生まれます。あなたの人生にまつわる気楽さと苦労は、それぞれどの程度ですか？ 人生を楽しみ、成果を上げていると感じますか？ それとも、重圧を感じ、物事がなかなかうまく進まないと感じますか？ 苦労とは、長時間の労働、低収入での生計維持、産後の睡眠不足といったことだけが原因ではありません。私たちが望むものを望むときにほしいと望むことも苦労につながります。

普遍的な時刻表とは、私たちの望みやその実現を、それぞれの時間割に割り振る宇宙の事情です。この普遍的な時刻表に逆らえば、時間と貴重なエネルギーをムダにします。また、幸福感も損なわれます。

我慢強さとは、もっと謎めいた言い方をすれば、自分の望みが完璧なときに完璧なしかたでかなうという信念です。理想のパートナーを求めて結婚紹介所を利用するとき、ぱっとしない出会いが10回も続けば、あきらめるのが常識的かもしれません。でも、常識的である必要などないのです。常識を裏切り、革新を起こし、すべての可能性を探

りましょう。私の友人は87回目の紹介でやっと理想の男性に出会いました。その過程では、何度も予想外の拒絶や申し出を受け、一方で楽しいこともありました。あきらめなかったのは、自分のパートナーがきっと適切なときに現われるという自信と信念のためです。

　誰の人生にも、長年苦労してきた部分があるでしょう。できることはすべてやったのに、とあなたは打ちのめされ、あるいは傷つき、少なくともくたびれているでしょう。すわり心地のよい椅子に身を沈め、長らく自分が追い求めてきたものを、自分が今でも心から求めているかどうか、自分に問うてください。答えがイエスなら、息抜きはこれぐらいにして新たなスタートを切りましょう。もし、自分にとってそれがもはや重要でないとわかったなら、それもまた良しです。良くないのは、望みをあきらめ、失望とともに自らを慰めることです。

　自分の野心がどんなタイプのものか考えてみるのはよいことです。野心の中には、いろいろな条件がうまくかみ合うことによって初めて実現するものがあります。ぴったりの仕事、ぴったりのパートナーなどです。ここに我慢強さが求められるのです。自分の求めるものはきっとどこかにある、自分の夢（たとえば、水彩画で収入を得るなど）をかなえる道がきっと見つかるという信念です。あなたにはその実現に必要なものが備わっているはず。さあ、始めましょう！　それとも、人生を迷っているだけで終わらせたいですか？

自分の野心を再点検してみる

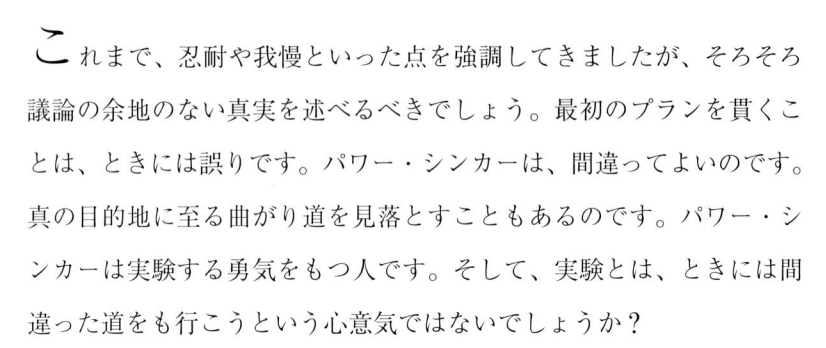

　これまで、忍耐や我慢といった点を強調してきましたが、そろそろ議論の余地のない真実を述べるべきでしょう。最初のプランを貫くことは、ときには誤りです。パワー・シンカーは、間違ってよいのです。真の目的地に至る曲がり道を見落とすこともあるのです。パワー・シンカーは実験する勇気をもつ人です。そして、実験とは、ときには間違った道をも行こうという心意気ではないでしょうか？

　たとえば、あなたがヨーガのインストラクター、ファッション・デザイナー、私立探偵、あるいは高校教師を目指しているとします。いずれにも共通するのが、最初のうちは情報収集（参照→68頁）が肝心だという点です。その活動がどんなものかは、実際に始めてみないとほんとうにはわからないものです。また、それが仕事として自分に合うかどうかも確かなことはわかりません。たとえ、多少の経験があっても、また、短い「仕事内容」を読んでそれが自分にふさわしいと思えたとしても同じです。

　しばらくある道をたどって情報を得た結果、少々軌道修正を図るか、ことによると完全に方向転換したほうがよいとわかることも少なくありません。

　長年、仕事で多くの人々の人生に立ち会ってきましたが、始めに正解と思えたものが、まもなく見直しを迫られることはよくあります。そうなったときには、どう対応すべきでしょうか？

　パワー・シンカーならば、物事が予定した通りに進まなくても、意気消沈していてはいけません。知識の探求を楽しむ発明家になったつもりで。ある方法がうまく行かないとわかるのは、うまく行くとわか

自分の野心を再点検してみる

最も賢い者と最も愚かな者のみが変わらない。

孔子（古代中国の思想家）

るのに劣らず重要です。物事が思ったように運ばないときは、以下の原則に従って、視点を新たにしてください。

　まず、ちょっと活動の手を止めて、現状をはっきり把握します。何がうまく行き、何がうまく行っていないのかを判断し、起こすべき変化は重大なものか、表面的なものか、また、それがほんとうに必要なのか見極めます。場合によっては、"なぜ"の部分を変えることになるかもしれません。つまり、同じことをやるにしてもその理由が変わり、優先順位が入れ替わるのです。ギアチェンジをする前に、すべてのデータを集めましょう。関係する人がいれば話し合いましょう。専門家に相談するのもひとつの方法です。自由に思いを語り、想像力をもってブレーンストーミングをしてみましょう。アイデアをすべて書き出し、それぞれの可能性を検討します。この創造的なプロセスは焦らず行なうこと。時満ちて考えが熟すのを待つ覚悟で。そして、予定外の方向転換も辞さない心構えを持ちましょう。

挫折から回復する力

パワー・シンカーとしてのスキルを挙げるなら、決断する力、計画や時間管理のうまさ、開かれた心と自信、リスクを恐れぬ強さがあるでしょう。けれど、私たちが見落としがちなもうひとつの重要なスキルがあります。挫折から立ち直る力、回復力です。失意を乗り越える決意と、失意を実際の感情として経験するのは、まったく別のことです。

つまずきは毎日のように起こります。努力してきた契約が成立しない、印刷物が間違った日付で出る、意中の人に（やんわりとであれどうであれ）デートの誘いを断られる、体重計がまたダイエットを始めよと命じるといった具合です。こうしたことは心の奥底に刻まれた野心には関係のない、小さなことかもしれません。けれど、回復力が落ちていると、小さなつまずきが手に負えなくなり、トラウマとなることさえあります。

失意と落胆はどちらも感情であり、しかも潜在的に非常に強いものですが、だからと言って、内面を荒らす嵐が過ぎ去るのを座して待つことはありません。嫉妬、怒り、不安などと闘うよう自分を訓練できたように（たとえば、呼吸法や瞑想のテクニックを使って）、失意、失敗、不運から立ち直るよう自分を訓練できるのです。今のうちに少しだけ時間をとって、回復力を高める方法を覚えておきましょう。挫折が襲ってきたら、以下の方法を単独で、または組み合わせて試してください。

> 一声うめいて忘れよう。
>
> ジェサミン・ウェスト（アメリカの作家）

1．**自分でコントロールできないことは忘れ、過去に傷つかない**。雨に降られて歩く羽目になったら、ぐしょぬれになりながら雨を楽しみましょう。狙っていたポストが他人のものになったといって、恨んでみても何の得にもなりません。ビジネスマン対象のコーチングで私は、失意にこだわり、いつまでも嘆いているセールスマンは、翌月の売上が間違いなく下がり、その次の月には職さえ失うという例をいやというほど見てきました。意識やエネルギーを「過ぎ去ったもの」に注ぎ続けるのは、成功への処方箋とは言えません。パワー・シンカーには、自分をダメにする、そんな反応に費やす時間はありません。

2．**過去の立ち直りに学ぶ**。恋人との別れといった大きな挫折に見舞われたら、「とにかく前に進む」という方式は通用しません。ときには、服を着て外に出かけることさえ不可能に思えることがあります。人生を続けていくため、過去に経験したチャレンジを思い起こしてみましょう。親友が遠くに行ってしまったとき、解雇されたときなどです。自分がそのチャレンジにどう対処したかを思い出してください。そのとき、何が有効でしたか？　それは、休暇をとること、カウンセラーに相談すること、『アイ・ラブ・ルーシー』の再放送を見ること、それともサポートグループに入ることだったでしょうか？　そのときに効き目のあった方法を、もう一度試すときかもしれません。

3．**選択する**。昔のことですが、ひとつの恋が終わったとき、私は何日もアパートにこもってカーテンを下ろし、ふさぎこんでいました。悲しみにくれていたのです。こんな一週間が過ぎ、私は気分がましになるどころか、ますます落ち込んでいくのに気づきました。そこで、自

分とある約束を交わしたのです。「ふさぎこむのはやめて、希望をもとう」。これで状況が急速によくなったわけではありませんが、やがて徐々に霧が晴れていくのがわかりました。立ち直るという選択をしたら、慌てないで。最初はつらいでしょう。けれど、少しずつではあっても苦しさは日一日と薄らいでいくものです。

4．スピードに注意。挫折を乗り越えるために忙しく動き回る人は少なくありません。自分を失意のどん底に叩き込んだ問題について考えなくてすむように、ものすごい勢いで何かをやって気を紛らわそうとするのです。すぐに出口を求め、自分の感情に背を向けていれば、やがては自分が磨り減ってしまうし、その過程でも、人が毎日経験する小さなつまずきからの回復力が落ちてきます。ふさぎこむのでもなく、忙しく動き回るのでもない、その中間を求めましょう。

5．思いを吐き出す。大きな失意が襲ったら、傷ついた心を抑え込まないこと。必要なことは何でもしましょう。遠くの友人に電話をかける、日記に何千もの言葉を書き連ねる、枕やサンドバッグを思い切りたたくなど何でも。自分の感情を捕まえたら、それを表に出しましょう。自分の感情を理解し、認めることこそ、そこから最大限に距離を置くための、私たちにできる方法なのです。ここまで来れば、傷は徐々に癒えていくことでしょう。

6．自分を元気づける。自分を甘やかし、エネルギーを回復するための時間は、ほかのどんなときよりも、挫折のあとにこそ欠かせません。スウェーデン式マッサージを受けましょう。ラベンダー風呂に入りましょう。体の底からあなたを癒してくれることを何でもやりましょう。苦しいときには自分をいたわることを最優先にしましょう。それはきっと立ち直りを早めてくれるでしょう。

成功とは、熱意を失わずに失敗から失敗へと進むことだ。

ウィンストン・チャーチル（元英国首相）

最高のお客（自分）をもてなす
エクササイズ25

私にとって、大切な人たちを自宅にお招きするのは大きな喜びです。あなたもきっと同じでしょう。さて、今回のVIPはあなたです。あなた自身がディナーに訪れるのです。一番大切な歓迎すべきお客として自分を扱いましょう。これは、失意や挫折からの力強い回復のための絶好のエクササイズです。

1. 前もって日を決め、カレンダーに印をつけましょう。昼間か夜かも決めましょう。

2. どんなひとときにしたいか考えます。内容を決めます。素敵なコース・ディナー、泡風呂、マッサージ、ポップコーンをつまみながら見る名画ビデオでも何でもOK。

3. その一大イベントに備えて「やること」リストをまとめます。準備を楽しみましょう。頑張りすぎてストレスにならない程度に。

4. 家の中を見回しましょう。賓客を迎える準備はOKですか？　まだなら、大忙しです。やるべきことが多すぎたら、一部は次のVIP来訪に回しましょう。

5. さあ、楽しみましょう。一日中、あるいは一晩中、自分を自分にふさわしくVIP待遇で扱いましょう。

満足する地点にまでたどり着く

あなた自身こそ、あなたの持てる資源であり、パートナーであり、パワーの源です。あなたが自分に満足感を覚えられないとき、そのことをほかのどんな問題にも優先する課題としましょう。気持ちよく満足できる地点にたどり着きましょう。そうでなければ、人生の豊かさ、素晴らしさを、あるがままに味わうことができません。

人は誰でも自分がつまらない人間に思えるときがあるものです。ときには、苦し紛れに「私の人生って一体何なの？」と問いたくなることさえあります。長年、幸福と平和と自己理解を追及してきた私にだって、もちろん、まだ答えの出ない問題はいくつもあって、自分に不満を覚える日々もあります。ただ、違うのは、満足感のない日が今では

大きな笑い声は、家の中の太陽だ。

ウィリアム・サッカレー（イギリスの作家）

自分を認める

自分がどんなによくやっているか、どれほどかけがえのない特別な存在か、人から言ってもらえるのを待っている人がいる。待つことはない。自分のよいところ、自分の努力や成功は、自分で認めよう。紙とペンを用意し、今日自分が達成したことを、どんな小さなことでもいいから書き出そう。運転の実技試験に6回目の挑戦でパスしたとき、良い目的のために寄付をしたとき、やっと請求書の整理ができたとき、よくやったと自分の肩をたたこう。その資格は十分にある！　それでも、他人に認めてほしいなら、それを言葉で示そう。上司や配偶者や友人が、何か意味のあることをしたのに見過ごしているときは、認めてくれたらうれしいと伝えよう。（ただし、悪かったと思わせる言い方ではなく、相手の褒め言葉を引き出すような言い方で。）

満足する地点にまでたどり着く

ずっと少なくなったという点です。

　私はこういう日々が変調であることを知っています。雹や吹雪の日のようなものです。こうした日々も、それをしっかり認識し、変化へのパワフルな触媒とするならば、自分の味方につけることができます。

　自分に満足できないときは、決して満足なふりをしないこと。そんなことをしても自分を欺いている居心地の悪さを味わうだけです。自分の感情に正直になり、その正体をつかみましょう。答えがわかったら、それを道しるべにしましょう。前進、そして向上！

　これこそ、満足という至上命令です。つまり、自分が自分に満足感をもてないとき、それは直観的な自分からの指令、キャンプをたたんで前進せよ、との指令なのだと気づくことです。前に進む道を見つけることはそれほど難しくありません。自分の感情が常に最新のルートマップとなってくれるからです。それに従っていけば、自分がどれほど優秀なナビゲーターかじきにわかるでしょう。思ったほど、進むべき道から大きく外れていないこともあります。心の均衡を取り戻すには、田舎道の散策か、一杯の自家製チキンスープで十分かも。たとえ進むべき道に出るまで、かなりの距離だとしても、自分の感情が真のガイド役になってくれるでしょう。

感情をうまくマネジメントする

　ある年、イタリアからカリフォルニアに友人たちが私を訪ねてきてくれました。その中のステファノは特に、有名なセコイアの森を見るのを楽しみにしていました。私たちは週末旅行の準備を整え、あの迫力ある巨木を見、湖畔の山小屋でくつろぎ、英気を養うことにしました。出発のとき、ステファノは上機嫌でした。ところが、ハイウェイに出たとたん、車が故障してしまったのです。さして慌てることなく誰かが、引き返してほかの車があるところまで公共の交通機関で行ってはどうかと言いました。みんな賛成しましたが、ステファノは別でした。

　彼は顔を真っ赤にし、誰の目にも明らかな狼狽ぶりでした。車の故障は、この冒険に固執すべきではないというしるしだというのです。彼はイタリアの古いことわざ、「ルネディ・エ・マルテディ、ノン・シ・パルテ、ノン・セ・イニツィア・ラルテ」(だいたい「月曜日と火曜日には旅と新しいことを始めるな」の意)を引き合いに出し、理詰めでいくら説得しても頑として譲りません。あれほどセコイアの木立を見たがっていたのに、感情に自分を支配させてしまったのです。私たちは気を取り直して再度出発しましたが、ステファノひとりはうろたえる心をどうにもできず、街に引き返し、そこに留まりました。

　感情はときに大きな挑戦となって私たちの前に立ちはだかります。感情のコントロールは試みてもムダかもしれません。けれど、感情のマネジメントなら、私たちにも可能です。ステファノの感情は本物であり正当なものでした。でも、だからといって、その感情に負けてセコイアを見たいという欲求を引っ込める必要はなかったのです。あなたが経験してい

たいていの人の困った点は、頭で考えないで希望と不安でものを考えるところだ。

ウィル・デュラント
(アメリカの歴史家)

る感情は、不安、悲しみ、フラストレーション、拒否、恥ずかしさなど、どんなものでも、それでよいのです。あなたの感情は正真正銘、本物です。ただし、感情に行動を支配させる必要はありません。求める人生を手に入れるためには、意志をもっと強くもてるはずだし、そうでなければいけません。感情の嵐はよくあること。どうあがいても防げるものではありません。けれど、その嵐を窓の向こうに締め出すことはできます。家の中までその嵐が吹き荒れるままにし、被害を被ることはないのです。

　自分の感情をもっと上手に管理しようと思ったら、まず、自分が求めるものの重要性を認識しなければなりません。そして、その欲求は自分が今、感じている感情よりもはるかにパワフルでなければなりません。以下は、自分の内に吹き荒れる嵐に打ち勝つためヒントです。

1．自分の感情を認める。感情は認めてやらないと、無視された子供のようにわめきちらし、荒れ狂います。公然と認め、ほんの少しの関心を払ってやるだけで、感情は静まり、消えてしまうことさえあります。たとえば、罪悪感です。大学の顧問を務めるフランは、あるワークショップで、自分だけの時間を過ごすことを後ろめたく感じるのだと言いました。私は彼女に、その罪悪感を認めて、構わず自分の時間をとるように言いました。罪悪感を認めながら自分の時間をとるたびに、フランの罪悪感は薄らいでいきました。怒りも認めてやる必要があります。認めればそれに応じて、紙に書く、ジムで汗を流すなどでそれを表現できます。自分が思っていることを誰かに聞いてもらうのもひとつの選択ですが、繊細に言葉を選ばないと人間関係にひびが入ります。自分の感情を表現したとき、どんな結果をもたらすか、常に配慮しましょう。

2．感情の価値判断をしない。自分が抱いた感情のゆえに自分を責めないこと。親友の配偶者が体にぴったりした服を着ているのを見て欲望を覚えたとしても、そんな気持ちを抱いた自分に嫌悪感を持たないこと。誰かの心ない一言に傷ついたとしても、そんなことで落ち込んだ自分を責めてはいけません。あなたが感じるどんな感情も、間違いなくあなたが経験したことの一部なのです。

3．感情をやり過ごす。視覚は随意的だが、聴覚は不随意だというのは、よく言われる通りです。目は閉じられても耳は閉じられません。感情を視覚より聴覚に近いものと考えてみましょう。感情の動きはコントロールできません。重要なのは、感情に押し流されることなく、自分の中を通過させることです。欲求は悪くすると、きまりの悪い状況や危険な状況に発展します。怒りは乱暴な言葉やもっとひどい事態を

招きます。とはいえ、こうした危険に身をさらすのは、感情に我を忘れた人間だけです。感情の正体——多くの場合、過去の経験に根ざす不随意な化学的反応——がわかっていれば、トンネルを抜ける一陣の風のようにやり過ごすことができるはずです。

感情を避けようのないものと考えること。しかし、屈服すべきものとは考えないこと。人生へのパワー・ポジティブな態度には、自分が抱いている意志はどんな感情よりも強いという理解が不可欠です。私たちは感じることはコントロールできませんが、自分の口と手と足でやることはコントロールできるのです。

4．行動で不安を取り除く。なんといっても不安は、人が行動を起こし、変化を起こし、人生の問題を片付けることを妨げる第一の感情です。不安の原因は、やろうとしていることが正しい行動なのか、うまく行くのかわからないことです。また、それによって何かを失うのではないかと気になります。たとえば、お金や評判や自信です。こうした心配は、いくらでもそれらしいシナリオが描けますが、ある意味で、空想の産物に過ぎません。行動を起こすまで真実はわからないのです。

　感情を味わい、構わず行動を起こしましょう。不安を理由に行動を控えるたびに、その人のパワーは失われます。行動への欲求が自分を蝕むからです。感情に構わず行動できれば、一歩進むたびに成功は大きくなります。それは雲を抜け、輝く太陽に向かって歩くような感覚です。一流のベテラン俳優の多くが、芝居の前には毎回あがると言います。不安は彼らがいつも通る道なのです。不安を抜けて成功に至る感覚がいったんつかめれば、何を迷っていたのだろうと不思議に思えることでしょう。

苦労の中にも役割がある

誰しも何らかの苦労を背負っています。長い時間かけて対処しなければならない困難です。苦労がやがて、人格の一部と化すことさえあります。なかには、人をその人が背負っている苦労そのもののように言う人がいます。「ほら、どもりのメアリーだ」「あれはデーブじゃないか？ 例のアル中の」「ケビンに会ったよ。いつも金に困ってるやつさ」。ずいぶん冷たい言い方に思えるでしょう。けれど、実は私たちもほとんど無意識のうちに、自分に対して同じ見方をしているのです。あんまり長い間、苦労を背負ってきたために、身に馴染んだいつも変わらぬその感覚が温かい毛布のように私たちを慰めます。それを突然、取り払われたらさびしくさえ感じることでしょう。

苦労を突き抜けて向こう側に出ようと歩み出せば、パワーがみなぎってきます。私たちはこの自由に憧れています。たとえ、その憧れが幾重もの習慣の層に埋もれていたとしても。しばしば解放は行動によってもたらされます。行動は恐ろしいかもしれません。例を挙げましょう。あなたがパートナーから虐待を受けているとします。すると、誰かほかの人と一からやり直したいなどとは夢にも思いません。この場合、苦労の正体は、同じことを繰り返すのでは、という不安です。これにどう対処すればよいでしょうか？ 自分の中に閉じこもるか、苦労を突き抜けて進むかです。後者は人生にさまざまな緊張をもたらすかもしれませんが、やがて雲は晴れていくでしょう。たとえ禅僧でも、内面にいつも一点の曇りもない青空が広がっている人はいません。ひと雨来そうなどんよりした空の下でも、人は前進できるのです。そうすることによって、学び、味わえることがたくさんあるのです。

> 傷つくまで愛せば、痛みは消え、より大きな愛だけが残るという矛盾に私は気づいたのです。
>
> マザー・テレサ（人道主義者、ローマカトリック教会の修道女）

苦労の正体を知る
エクササイズ26

このエクササイズは、苦労の正体を知り、そこに隠された価値を探ることです。なぜなら、どんな苦労にも、貝に抱かれた真珠のように価値があるからです。海の底に潜り、真珠を探しましょう。困難を突き抜けて向こうに出るヒントが得られるかもしれません。

1. なぜ自分の人生にその苦労があるのか考えてみましょう。それはどんな役割を果たしているのか。どんな意味があるのか。人生のよさを味わうことにどう関係しているか。苦労の役割を知ることは、その「真珠」、つまり価値を認め、その苦労を人生から解き放つ第一歩です。パワー・シンキング・ジャーナルに答えを書きましょう。

2. かつて人生で味わった苦労の価値を思い起こしましょう。学校での苦労は教育の価値を教えてくれたかも。恋愛にからむ苦労は、パートナーとの絆を強めてくれたのでは？ 今度は、今ある苦労にどんな価値が見出せるか考え、気づいたことをジャーナルに書きましょう。

初めてのことをしてみる

　自分のよく知っている場所から一歩踏み出しましょう。これは、心からの原則としてぜひ採用してほしい考え方です。人生に新しい何かを加える可能性に、エネルギーをまったく割かないのであれば、毎日明けても暮れても同じことばかり考え、同じ活動ばかりやっていることになります。パワー・シンカーは、常に新しい発想や行動の仕方、新しい自分のあり様を求めます。人生を偉大な探検と考えるのです。自分の周りで起きている新しいことに敏感になって！　そして、新しいことを起こすのです。

　あるとき、私はハワイでホエール・ウォッチングに行きました。絶好のタイミングで絶好のポイントにいたおかげで、巨大な鯨が船の下に現われ、水面に上がってきて、目の前で白く泡立つ潮を噴き上げました。なんとも感動的な経験でした。二度目にホエール・ウォッチングに出かけたときも、すばらしく楽しかったけれど、最初のときの感動にはとうてい及びませんでした。自分にとって未知の何かを開拓する瞬間は、なんといっても格別です。素晴らしい贈り物の包みを解くように人生が開かれていく感じです。あなたは初めてホエール・ウォッチングに行ったときのこと、サルサを踊ったときのこと、風景画を描いたときのことを覚えていますか？　それは、未知の何かに足を踏み入れる新鮮さに満ちた経験だったはず。もし、これを読んで、どれもやったことがないと思った人は考えどきです。そろそろ何かを始め

私は子供を産んだとき、母親としてその子に一番役立つ贈り物を妖精に頼むなら、それは好奇心だろうと考えた。

エレノア・ルーズベルト（人道主義者、元大統領夫人）

ていいころかもしれません。

　いつもの生活とまったく違う経験に乗り出すとき、人は自分と世界に対して新しい視野が開けます。いつもの不安が全体から見れば、どんなに小さいものだったか気づかされることもあります。人や自然からヒントを得ることもあります。あるいは、かつてない面白さを味わい、その活動や興味との間に一生の恋が始まるかもしれません。タントラ、サーフィン、バードウォッチング、あるいは古代メキシコ史があなたに欠けていたピースかもしれません。

　新しい経験ははかり知れないものを与えてくれます。単純に楽しいということを別にしても、思い出と想像力の引き出しを新しく満たし、未来に少なからぬ貢献をしてくれます。以下は、探検家の卵のためのアドバイスです。

1. 好奇心を称えよう！　最初に「好奇心は猫を殺す」と言い出したのは、厳格主義者に違いありません。このことわざは間違いです。ほんとうは「猫に九生あり」の九生こそ、好奇心の賜物ではないでしょうか。好奇心によって人は生まれ変わります。好奇心がもたらす危険が気になるなら、チベットのことわざ、「羊で百年生きるより寅で一年生きたほうがよい」を見てください。好奇心は個性を生みます。パワフルな人生経験を生みます。それは歓迎すべきものなのです。

　パワー・シンキング・ジャーナルに、自分が好奇心を覚えるものを書いてみましょう。思いつく限り、いくつでも。真実は修正しないこと。ナイトクラブのショー、ろうそくづくり、クロスダンシングに興味が

あるならそれも良しです。こうした自分の好奇心を満たす決意をしましょう。このリストをときどき見て、やりたいことを思い出しましょう。

2．好奇心のノルマを課そう！　毎週、好奇心を満足させることを何かやってください。それをゲームとして楽しみましょう。まったく未経験の分野を選び、そこに飛び込んで新しい発見をするのです。好奇心をもつことが気に入ったら、ノルマを週にふたつかみっつ、あるいは毎日ひとつにしてもよいのです。次にノルマを果たすアイデアをいくつか紹介しましょう。

　　　　知らない分野の雑誌を読もう！　知り合いにどんなものでも読む女性がいます。ペットもいないのにペットの雑誌を読みます。家に子供がいるわけでもないのに、育児雑誌を読みます。アフリカ系アメリカ人でもないのに、『エボニー』を読みます。私自身はこのごろ飛行機に乗ったときに毛色の違うものを読むことにしています。自分が"属して"いない集団向けに書かれた雑誌を読むのは、無害な覗きの快感があります。楽しいし、多くを学べます。

　あるとき、何も読むものを持たずに飛行機に乗ってしまったとき、私はゴルフの雑誌を手に取りました。ゴルフの世界に触れるのはそれが初めてでした。ゴルフコースに出たつもりで読んでいったら結構いろいろなことがわかり、しかも翌日、人と話しているときにその話題が出たのです。たとえゴルフをやりたいと思わなくても、それに関する知識を増やせば、あなたが出会う人々にとって意味のあることに触れ

られるのです。

　何かを習おう！　人は歳を取ると、意識的に世界を広げようと努力しない限り、世界が狭まりがちです。馴染みのないテーマに関する教室に行くことも、新しい可能性を受け入れるひとつの方法です。行ってみて続かなくても、何かしら学びはあるはず。スキルを身につけることは、たとえそれが使う機会のあまりないものであっても、ひとりの人間として自分を広げることなのです。

　違う分野の人々に会おう！　話して楽しいのは自分とよく似た人たちだけだなどという誤った思い込みは捨てましょう。どんな人にも素晴らしい話があり、人生について興味深い考えを持っているものです。ただ、話し上手な人とそうでない人がいるだけです。あらゆる機会をとらえて、多様な人が集まる場に行きましょう。ワイン好きの人から夕食に誘われた、地域で環境問題の集まりがある、書店の開くワークショップに心理学者が夢分析の本の宣伝にくる、等々。

　臆病症と戦おう！　ひょっとして、何かをするには自分は歳を取りすぎ、太りすぎなどと考えていませんか？　それは言い訳です。体を動かすことは何でも、最初はぎこちなく思えるものです。かっこ悪くていいんだ、と開き直りましょう。ヨーガ教室で一番不器用な人、ダンス教室で一番ステップの覚えが悪い人になりましょう。身体的冒険も、自分の車を運転するように自然に思える日が来るものです。始めれば、体はじきに馴染み、自分が広がるのです。

粘り強く突き進む力

突き進むとは、粘り強さが表に現われた形です。目標や望みの結果を追求する際に何かに引っかかってぐずぐずしてしまったときに、この粘り強さを呼び起こす必要があります。

「規律（descipline）」という言葉のもとは「弟子、信奉者」を表わすdescipleです。信奉者は信じるものに心を捧げる人です。心を捧げた人は、たとえ気が向かないときでも、ほかにも達成すべき目標が生まれたときも、望みを実現するためにやるべきことをやり続けます。あなたは人生で実現したいビジョンに心を捧げているでしょうか？

前途に現われるさまざまな回り道はそれぞれに価値があり、それをたどってみないのは冒険心のないことかもしれません。また、家族や友人への責任から、別の制約が生じることもあるでしょう。事業の成功を望んでいたとしても、病気の子供がいれば、その世話にも手は抜きたくありません。むしろ、そちらが優先されます。道はしばしばこうしてふたつに別れ、ときには二度と交わらないかもしれません。脇道がそのままハイウェイにつながってしまうこともあります。けれど、ふたつ、いや、ことによるとみっつ以上の道を同時に突き進めるというのが、パワー・シンキングの黄金律です。予想外の義務や別の興味が浮かび上がってくれば、自分の野心に調整を加えることが必要なのは言うまでもありません。

挫折、苦労、減速はパワー・シンキングの旅につきものです。ときには、思わぬ方向転換があり、簡単に説明のつかない失速を経験することもあるでしょう。前に進む気持ちが減退したら、以下の方法を試してみてください。

> 私は生き方に強い信念を持っています。それは、常に前を向いて歩くこと、決して後ろを振り返らないことです。
>
> アン・リチャーズ
> （元テキサス州知事）

1．**進もうとする方向を見直す**。あなたが向かっている方向は、今でも行きたいところですか？　違うなら、方向転換しましょう。間違っていないなら、なぜそれを求めるのか考えましょう。それが抑えきれないほどのものでないなら、つまずきは何度でも、すぐにも起こるでしょう。

2．**基本に戻る**。パワー・シンキング・ジャーナルを読み返し、これまでに自分に誓った変化を再度胸に刻み、この誓いを貫くために再調整すべきことがないか考えます。

3．**変化そのものを求める**。毎日が繰り返しになってきたら、何か変化とスパイスと味わいを加えましょう。前に突き進むときには、人生の価値あるほかの選択肢や脇道にも心を開いておきましょう。

急展開に目が回りそう？

ときに、良いことは思いも寄らぬスピードで実現することがある。私がコーチングをしたリンは、9ヶ月に3回も大きく昇進した。40代後半のマデリーンはあっと言う間に初の婚約と結婚をした。食うや食わずの画家ジェイミーは、地方紙に載った一枚の絵で一躍売れっ子の壁画家になった。30歳でコンピュータおたくのブラッドは、ソフトウェアのアイデアひとつで億万長者になった。成功の波に圧倒されそうで、「変化が急激すぎてついていけない」と感じたら、ちょっとペースをゆるめて深呼吸し、パワー・シンキング・ジャーナルで落ち着きを取り戻そう。自分の身に起こっているポジティブな変化を受け入れるためには、どんな調整が必要だろう？　たぶん、多くの面で必要だろう。マイナス面がないかもチェックしよう。ペースを安定させつつ、しかしパワーは落とさないこと。

充実感を味わう習慣

充実感は、ほとんどの人が心の底で求めているものではないでしょうか。その言葉を誰もが使うかどうかは別として、それを目指し、努力する気持ちは誰もが知っています。けれど、それは駐車スペースや置き忘れたセーターや最高の旅行先のように見つかるものではありません。それはほんのある一瞬、ある日、ある週、ある数カ月、ときには数年にもわたって味わうものです。誰でも一見傍目には「すべてを手にした」ように映ることがあっても、それはたいてい華やかな幻影に過ぎません。真の自己実現は内面に見出されるものです。ただし、人や場所や経験が助けになり、宝の地図を読み解き、どこを掘るべきかを教えてくれることもあります。以下は、探求を始めるための最初の道

> 命の終わりに、一生の長さだけ生きたと思いたくない。一生をその幅いっぱいに生きたと思いたい。
>
> ダイアン・アッカーマン（アメリカの詩人）

一挙解決という幻想

「これさえ成功すれば、何もかも解決するのに」。こんなことを思ったことのある人は、一挙解決の幻想に捕らわれているかも。新しい仕事、新しいパートナー、新しい快調な体さえ手に入れば人生が完璧になると思う人は、幻想の世界の住人だ。人は時おり、一番のトラブルポイントに気を取られ、ほかのところへの注意がおろそかになる。ある野心実現のために、人間としての全体的な自己実現を見失う。結婚も法律学の学位も新しい車も、その空虚をつかのましか埋めてくれない。第一の野心のみが人生のすべてではない。外面的な成功は良いことだし重要だ（自己評価を高め、生活を安定させ、創造性を発揮させてくれる）。けれど、人間としての充実感は外面的な成功のみでは手に入らない。それは内面から来るもので、頭と心と魂にかかわるものだ。

充実感を味わう習慣

しるべです。

1. **過去を受け入れる**。今日のあなたをもたらした昨日の選択を受け入れましょう。前にも言ったように、昨日は終わったことです。やり直したり変えたりはできません。ただ、認めることができるだけです。今から自分のなれる最高のものになりましょう。昨日への後悔を捨て、明日への意志だけを持ちましょう。

2. **今日の自分を受け入れる**。人から高く評価されている人々の多くが、自分の素晴らしさに気づかないのを見ると悲しくなります。今日の自分を受け入れ、愛し、誇り、尊重し、大事にしましょう。自分の最大の賞賛者になりましょう。ほかの誰もが認める価値を自覚しましょう。もちろん、成長の余地はあります。それは誰でも同じこと。それをフラストレーションの種にしないことです。自分の潜在的な可能性を認め、その実現に向かって歩むことこそ、あなたの価値の源です。

その際、自分の一番良いところを心にイメージし、それに満足すること。それは、あなたを動かす無限のエネルギーとなるでしょう。

3．今日いるところを受け入れる。空想は楽しいけれど、魔法の杖を手に入れたら何をするか考えることばかりにエネルギーを費やしてはいけません。ただし、この視覚化を自分のポジティブな野心を形づくるために使い、そこに向かって具体的な一歩を踏み出すなら別ですが。行動を伴わない希望的空想はムダな空想です。現実は、曲がり道や小休止、でこぼこ道やジグザグの折り返しがいっぱいです。そのひとつにさしかかってフラストレーションを感じたとしたら、あなたを悩ましているのは人生そのものです。起こることは起こります。それを受け入れ、楽しみ、そこから学びましょう。今いる地点が、これと定めた目標からどんなに遠く思えても、今日の自分がいる位置を受け入れる

東洋の知恵を活用する

命をホリスティックに見る人が増えている。東洋の知恵を探求しよう。たとえば、中国や日本のエネルギー（気）の考え方や、インドのチャクラの原理だ。漢方では、手首のツボが全身の臓器や内分泌腺に対応し、各臓器や腺は感情に対応する。私は友人を亡くしてから、ひどい咳が治らず、鍼灸医から肺は悲しみに関係があり、鍼でその治療をすれば、咳だけでなく、同じところから来る情緒的な問題も解決できると教わった。優柔不断な人は胆嚢が弱いのかもしれない。怒りっぽく攻撃的なら、おそらく肝臓を活性化する必要がある。鍼灸などの「エネルギー療法」で、ほかの治療では治らない感情の不均衡を正そう。

ことが幸せの鍵なのです。

4．宇宙を受け入れる。この世では毎日たくさんの悲劇が起こっています。あなたの身にも降りかかったことがあるかもしれません。神を恨み、宇宙を恨むこともできます。けれど、恨んで気分がよくなるでしょうか？　いいえ。それで何かが変わりますか？　いいえ。恨みは、人を非難する怒りの上着です。恨みを脱ぎ捨て、受容をまといましょう。それをまとったとき、初めてあなたは前に進めるのです。誰のせいかは重要ではありません。重要なのは、ここから再び歩き出すことです。あなたは天地を呪い、造物主を恨む日々を過ごしたいですか？　それとも、責める心を捨て、自己実現を求める旅を続けますか？　恨みは過去に向かいます。そこに住み続ける限り、恨みは自己実現と充実感を手に入れる障害となることでしょう。

5．驚きと不思議を感じる。哲学者は人生の意味についての大問題に取り組みますが、私たちの大半は自分の道を急ぐことしか考えません。けれど、時おり、人生の不思議を思うことはムダではありません。毎朝目覚めたときの、いわく言いがたい意識状態はもちろん、ほかのあらゆる不思議を。人生の驚きと不思議を感じるとき、誰にも与えられた、生きてここに在ることのありがたさをかみしめずにはおられません。その稀有な価値を知るとき、充実感は近づいています。もしかすると、私たちは知らないうちにすでに満たされているのかもしれません。ほんの1分間、次のことを考えてみてください。人体の内部の仕組み、日の出と日没の驚嘆すべきドラマ、地球上の動植物の限りない多様性、一番近い星までの気の遠くなるような距離。こんな世界で生きることが退屈でありえるでしょうか？　自分を不運だと感じることができるでしょうか？　人生はそれ自体が充実なのです。

祝杯をあげよう！

お祝いは、人生の折々に最後の仕上げを施し、達成の喜びを与えてくれます。それ自体が大いに楽しいことは言うに及びません。

イタリアで夏の休暇を過ごせば、どこへ行ってもあちこちの広場でいつの間にか何かのお祝いが始まっています。イタリアの人々にとって、すべての朝、すべての食事、近所のカフェで飲むすべてのカプチーノが、情熱的なおしゃべりと仲間意識に満ちたお祝いなのです。たとえ今住んでいるところが地中海的な気質とは程遠い土地柄であっても、私たちはこれを見習いたいものです。

現代の世界で、私たちは何かを達成するために何週間も、何カ月も、何年も働き続けます。そして、ようやく暇ができても、今度はお祝いの準備のたいへんさが往々にして足かせになります。招待状を出し、適切な衣装を選び、料理の手配をし、といった具合。お祝い事をやろうと思ったら、準備だけで当の本人が疲れ果てて自分のパーティーを楽しめないことも少なくありません。

それでも、お祝いは魂を温かくしてくれます。記憶に残り、心を満たす魔法です。もっと理由を見つけてお祝いをし、いろいろな祝い方を工夫しましょう。ちょっと心がけるだけで、お祝いがもっと気軽にひんぱんにできるようになります。次のアイデアを糸口に。

1. 当たり前のことを祝う。何も結婚記念日や誕生日、冬至やイースターを待つ必要はありません。自宅に人を呼び、新しいカーテンを祝いましょう。豪華ホテルのアフタヌーン・ティーで友情を祝いましょう。寝室にろうそくを灯し、ベッ

富はそれを持つ者のものではなく、それを楽しむ者のものだ。

ベンジャミン・フランクリン（アメリカの政治家、科学者、文筆家）

ド脇に花を飾って人生を祝いましょう。公園でのピクニックだって、バーベキューのチキンにエキゾチックなフルーツジュース、ジャガイモ袋競争があれば、立派なお祝いになります。

2．シンプルに祝う。友人を夕食に呼び、出前のピザをとるのも、立食パーティーにするのも恥ずかしいことではありません。大切なのは、人が集まり、自分もいっしょに楽しめることです。普段の活動に、お祝いの要素を加えましょう。「ひとことお礼が言いたくて」と書いたカード、友達への意外なプレゼント、時間休暇をとってのひとりのウィンドウショッピングでも、なんでもない普段の日に特別な感覚をもたらしてくれます。

3．自分だけの恒例行事をつくる。若い頃、クリスマスの朝はいつも近所の人が丘の上に集まり、エッグノックをすすりながら日の出を見たものです。毎年1月には、自宅に友人が集まって一年の抱負を述べ合います。こうした恒例の行事は、その間に起こったことを振り返り、感謝を新たにするよい機会になります。日々の出来事にアクセントをつける方法を考えましょう。自分だけの恒例のイベントを設けましょう。

4．お祝いのレパートリーを増やす。これまでに告解火曜日、十月祭、過越(すぎこし)の祭、ゲイ・パレードに行ったことがないなら、ぜひ一度行ってみてください。お祝いの儀式や形は、参加する人の数だけあります。たくさんのお祝いを楽しめば楽しむほど、あなた自身がより豊かに、より生き生きとすることでしょう。

私たちの後ろにあるものも前にあるものも、私たちの内にあるものと比べれば実にちっぽけなものにすぎない。

ラルフ・ウォルド・エマーソン(アメリカの哲学者、随筆家、詩人)

文献

ANDREAS, S. AND FAULKNER, C., eds. *NLP: The New Technology of Achievement*, Nicholas Brealey Publishing (London) and William Morrow & Co. (New York), 1996

BIRD, P. *Teach Yourself Time Management*, Hodder Headline (London) and NTC/Contemporary Publishing (Chicago), 1998

BUZAN, T. ブザン、トニー著『記憶の法則』東京書籍（松野武訳）

GEORGE, M. ジョージ、マイク著『リラックスのしかた——緊張をほぐし、ストレスを克服し、自己を解放する方法』プロトギャラクシー（後藤浩美訳）

IDZIKOWSKI, C. イジコフスキー、クリス著『快眠百科——心も体も眠くなる方法、ぐっすり眠る秘訣』産調出版（宮田摂子訳）

JEFFERS, S. ジェファーズ、スーザン著『とにかく、やってみよう！——不安をたしかな「自信」に変える奇跡の方法』大和書房（佐藤綾子訳）

KLAUSER, H. A. *Write it Down, Make it Happen*, Simon & Schuster (London), 2001 and Simon & Schuster (New York), 2000

McWILLIAMS, J.-R. AND P ロジャー、ジョン、ピーター・マクウィリアムズ著『ポジティブ宣言——ネガティブ思考は、高くつく』ヴォイス（井辻朱美訳）

MARSHALL-WARREN, D. *Mind Detox: How to Cleanse Your Mind and Coach Yourself to Inner Power*, Thorsons (London and New York), 1999

OMAN-SHANNON, M. *The Way We Pray: Prayer Practices From Around the World*, Conari Press (Berkeley), 2001

PEIFFER, V. *More Positive Thinking*, Element Books (Shaftesbury, UK and Boston), 1999

ROBBINS, A. *Unlimited Power: The New Science of Personal Achievement*, Simon & Schuster (London), 1988 and Fireside (New York), 1997

SARK, *Eat Mangoes Naked: Finding Pleasure Everywhere and Dancing With the Pits*, Simon & Schuster (London) and Fireside (New York), 2001

STOOP, D. A. *Self-Talk: Key to Personal Growth*, Fleming H. Revell Company (Grand Rapids, Michigan), 1996

WHITWORTH, L., KIMSEY-HOUSE, H. AND SANDAHL, P. ウィットワース、ローラ、ヘンリー・キムジーハウス著　フィル・サンダール著『コーチング・バイブル——人がよりよく生きるための新しいコミュニケーション手法』東洋経済新報社（CTIジャパン訳）

WIEDER, M. *Making Your Dreams Come True: Find Your Passion With America's Dream Coach*, Random House (New York), 1999

WILDE, S. *Affirmations*, Hay House (Carlsbad, California), 1989

WILSON, P. ウィルソン、ポール著『瞬間リラックス——心と体に効く驚異のリラックス法100』河出書房出版（木村貞子訳）

索引

あ

アサーティブ →「先手」
後追い 42-4,45
アファーメーション（パワー・ステートメント、宣言） 48,86-7,89,120
ありがたい 100-103,104,115,149
アルコール 30,74,96,119
アロマセラピー 92
イエス、と言う 102,111
怒り 138
　恨みと〜 151
憤り 32,33,104,131
意志 40-41,56-8,81,85,146-7
意志決定 51,73,96-9,121
　大勢で何かを決める 45
　過去をパワー・シンキングに生かす 94
　実利派と〜 18
　発想の癖と〜 16-19
　変化と〜 26,27,42
　参照→「選択」
　優先順位をつける 64-5
忙しさ 132
依存症 30,76
　参照→「アルコール」
イメージ 34,78-81
　参照→「書く」
インスピレーションを与えるもの 34,35,78-81,103
引用句 34
ヴィトゲンシュタイン、ルートヴィッヒ 88
ウォーキング 123
受け入れる 106-7,149
受け身 →「無為」
内なる壁 36,37,69,74-7
内なる声／内なる友 13,52-5
恨み 33,104-5,131
運動 30,48
　睡眠と〜 118-19
　参照→「ウォーキング」
運命 108,111,126-7
エネルギー 81,91,94,104-5

集団 117
　睡眠と〜 118
　態度と〜 105,106,107,126,150
お祝い 152-3
お金 30,31
贈り物 100,103
落ち込み 42,102
思い出 76
　ポジティブな〜を生かす 94
主な人生の領域 29-31,65
親の影響 →「生育」
音楽、パワー・ステートメントで使う〜 87

か

回復力 130-32,133
会話 60-61,114-15,145
カウンセリング 58
鏡のエクササイズ 87
書く 26
　意志決定 96,97,121
　解き放つために〜 37,40
　野心 66-7,86-7,88
　参照→「パワー・シンキング・ジャーナル」
過去、〜に学び、前進する 30,94,149
価値判断 20,27,32-3,138
悲しみ 150
カフェイン 30,119
カルマ 104
変わらない 107
環境 →「空間」
歓迎者リスト 114
感謝 100-3,104,151
感情 32-3,130
　意志決定と〜 19,26,96
　〜のマネジメント 18,33,132,134,136-9
　〜への気づき 18,32-3,134-5
感情への気づき →「感情」
　ポジティブな〜 94
完璧主義 91
願望 →「望み」「幻想」
寛容 100-105
機会、〜を失う 98

155

気功　48
儀式　40,41
　　参照→「お祝い」
基準　→「完璧主義」「ルール」
期待、〜を制限する　20,36
　　参照→「基本的信念」
基本的信念　16-20
　　背景と過去の経験　16,20,22-4
　　参照→「自分の足を引っ張る」
キャリア　29
ギャンブル　74
究極の質問票　57
共感　60,61,122
協力　45,116-17
規律　70-71,146
金銭　30,31
禁欲派　18
空間　34,94,99,100
　　〜の利用　30,34,49,98,119
　　参照→「思索空間」
偶然　108,110
苦労　106,126,140
　　〜の価値を知る　141
　　〜の正体を知る　140
計画　42,85,120,126
決意　→「意志」
健康　30,102,150
現実派　18
現実を見る　20,62-3,66,67-8
献身　66,70,146
　　参照→「自己献身」
げんそう　148,150
　　参照→「幻」「想像力」
コーチング　→「トレーニング」
好奇心　143-5
行動　36,39,42-6,85-6
　　種類　43,43
　　粘り強さ　146-7
　　プラン　40,69,70
行動様式、〜を変える　→「信念を変える」
　　基本　→「基本的信念」
　　検討する　57
　　ホリスティック　150
　　参照→「態度」
　　参照→「先手」
口論　32

心のパワー　→「パワーを生む習慣」「思考」
個性　68
ごたごた　49
言葉　86,88
　　参照→「アファーメーション」「書く」
コミュニケーション　60-61,114-15
娯楽　29,48
コントロール　42,107,138-9
コンピュータ　88

さ

挫折　130-32,133
幸せ　94-5
　　参照→「喜び」
ジェンダー　23,24
視覚化　25,64,81,95,150
　　参照→「イメージ」
時間　48,76,90-93,126-7
　　意志決定と〜　98-9
　　〜管理　39,90-93,98,132
　　思索空間　35
　　自分を振り返る　56
　　睡眠のスケジュール　119-20
　　先手／後追いと〜　45
　　寝て考える　57,69,83,118,120-21
　　パワー・シンキング・ジャーナルと〜
　　　26,39
　　野心と〜　39,51,68,69
　　〜を大切にする　92,93
思考
　　ウォーキングと〜　123
　　行動と〜　42,85
　　生活の質と〜　13
　　途切れのなさ　13
　　トレーニング　→「パワーを生む習慣」
　　〜のパワー　13,19
　　発想の癖　16-19
　　破滅型〜　46-7
　　反応をふるいにかける　107
　　参照→「内なる壁」「内なる声」
　　　「パワーを生む習慣」
自己規律　70-71
自己献身　70-72,77,146
自己肯定　106-7,149
自己成長　30
　　参照→「野心」

156

自己という資源　134
自己認識　14,134-5,149
自己批判　52-4
自己への気づき　32-3,56-63,82-3
思索空間(パワー・シンキングのための空間)
　　26,34-5,48,100
失意　33,130-32,133
　　参照→「フラストレーション」
失敗、〜を認め、学ぶ　128-9
質問票　18
実利派　18,19
自分の足を引っ張る　20,36,37,74-7
自分を愛する／甘やかす
　　27,48,56,132-3,134
　　参照→「望み、〜を認める」
締め切り　90-91,126
自問／自分への問いかけ
　　19,23,25,43,45,57
　　意志決定のための〜　73,83
ジャーナル
　　→「パワー・シンキング・ジャーナル」
シャーマン　40
写真　→「イメージ」
習慣　13,75
　　参照→「変化」「自分の足を引っ張る」
充実　148
集団、〜のパワー　116-17
集団力学　117
12ステップ・プログラム　58
障害物　→「内なる壁」
正直　135
情緒　→「感情」
焦点化　27,122
証人、〜のパワー　89
情報　69,128
　　あふれる〜　49
食事　30,118
書類の処理　91
心身の修練法　48,58
人生の領域　29-31,65
シンボル　78-81
　　参照→「イメージ」
心理療法　58
スーパーマン／スーパーウーマン　64,72
睡眠　118-22
　　寝て考える(問いかけ／野心)
　　　　69,83,118,120-21

スキル　14-45,145
ストレス　102,119,126
刷り込み　22,24
　　参照→「生育」
聖域　48
　　参照→「思索空間」
生育　16,20,22-4
正確さ　66-7
成長　→「自己成長」
責任　117,146-7
セラピー　58
宣言(パワー・ステートメント／
　　アファーメーション)　48,86-7,89,120
潜在意識、問いかけや野心への働き
　　57,69,83,118,120-21
選択　27,51,62,107
　　参照→「意志決定」
先手　31,42-5,54,98
　　参照→「行動」
戦略　40
創造性　122
想像力　81,122
　　不安と〜　139
　　参照→「幻想」「視覚化」
相談　129
祖先による刷り込み　→「刷り込み」

た

ターゲット　66
　　参照→「野心」
太極拳　48,58
退去者　112-14
態度　36,42-7
　　発想の癖　16-19
　　〜への影響　16,20,22-4
　　ポジティブな〜　46-7,100-107,139
体力　28,30,51
達成　64
　　過去の〜をパワー・シンキングに生かす
　　　　94
　　視覚化　25,64
旅　110,125
　　比喩としての〜　58,106,108,125,142
食べ物　30,118
探索　110,111,142-5
チャレンジ・エリア　28,31,65

157

チャンス　67,108,110,111
直観　18,24,60-61,110,122
強さ　→「エネルギー」
停滞感　20,21
できること　14-15
デッドライン　→「締め切り」
問いかけ　121
　　参照→「自問」
洞察　61,122
解き放つ
　　恨みを〜　33,104-5,131
　　感情を〜　33
　　ごたごたを〜　49
　　障害を〜　37
　　人間関係を〜　49,113,131-2
　トレーニング　28
　　内なる友の〜　54-5
　　感情のコントロール　107,130-32
　　参照→「パワーを生む習慣」

な

内省　→「振り返り」
名前、を覚える　76
日記　→「パワー・シンキング・ジャーナル」
人間関係　29,32-3,74
　　新しい〜を築く　42-4,127
　　後追いの〜　42
　　意志決定と〜　18
　　〜への態度　22-4
　　〜を解き放つ（終える）
　　　36,49,74,113,131-2
　　〜を振り返る　112-14
　　参照→「友人」
忍耐力　126-9
ネガティブな考え　19,36,107,112-14
粘り強さ　126-9,146
望み
　　イメージ　→「イメージ」
　　感情と〜　136-7
　　書き出す　27
　　幻想と〜　150
　　反応を認識する　108-11
　　理解と決断　51,54-5,56
　　〜を認める　20-21,27
　　参照→「野心」

は

パートナー、新しい〜と出会う　42-4,127
パートナーシップ、パワー・〜　116-17
背景と基本的信念　16,20,22-4
バエズ、ジョーン　36
発想の癖　16-19
華やかさ　62-3
破滅型思考　46-7
鍼　150
パワー・シンキング・ジャーナル
　　26,39,48,66,88,147
　　感情の気づきと〜　32
　　〜を使ったエクササイズ
　　　27,31,57,83,113,141,144
パワー・シンキングのための空間
　　→「思索空間」
パワー・ステートメント
　　（アファーメーション／宣言）
　　　48,86-7,89,120
パワーのありか　28,31
パワー・パートナーシップ／グループ
　　116-17
パワーを生む毎日の習慣　26,48-9,87,89
反応
　　〜のスピード　45
　　〜をふるいにかける　107
POW（自分の目標を表わす言葉）→54
ビジョン　25,66
　　参照→「野心」
否定派　16,19
人、資源としての〜　82,94,114-17
人に任せる　92-3
非難　151
批判　52-4,82
評価　→「振り返り」
不安　36,76,96,98,99,139,140
フィードバック　52-4,82,149
風水　98
不思議　151
物理的環境　→「空間」
不満　42,107
踏み込んだ問い　121
プライベートな空間　34
　　参照→「思索空間」
フラストレーション　33,42,76,149,150
　　参照→「失意」

振り返り　27,69,82-3,85,128-9,147
プレゼント　100-102,103
ヘミングウェイ、ハリエット　44
ペルー　40,41
ヘロドトス　96
変化　26-7,31,75,129
　意志決定と〜　26,27
　〜のスピード　147
　〜へのプログラム　75,83
ホール、ミナ　44
冒険　110,142-5
方向　→「意志」
ホリスティックな見方　150
本能　→「直観」

ま
マチュー・ピチュー　40
学び　144-5
　参照→「情報」
幻　62-3
　参照→「幻想」
麻薬　30,76
見かけ　→「現実を見る」
認める　106-7
未来を描く　→「視覚化」
むい　42,43
　ポジティブな〜　48
瞑想　48,58,81,94,95
免疫系　102
燃え尽きる　72
目的　→「意志」
目標　→「野心」
モチベーション　→意志
「もっと」のリスト　27
もの、インスピレーションを与える〜
　34,35,78-80,103

や
野心　51,66-9,89
　イメージと〜　→「イメージ」
　書く　66,88
　現実と〜　62-3,66,67-8
　言葉にする　51,66-9
　実現　64,86
　情報と〜　128
　タイプ　127
　参照→「望み」
やってみる　→「現実を見る」
優柔不断　98,150
友人　94,100-102,104,112-16
　お祝いと〜　152,153
　参照→「人間関係」
優先順位　64-5,97,98-9,134
夢　66,81
　理想派と〜　16
　参照→「野心」「幻想」
許す　33,104-5
ヨーガ　48
よけいなもの　49,72
喜び　48
　参照→「幸せ」「自分を愛する」

ら
理解　51,59,62-3
リスク　68,73,104
リスト、変化のステップとしての
　27,112-14,144
理想　23
理想派　16-17,18
　参照→「望み」
リラックス　29,48,95,119
ルール、自分の〜をつくる　20-21,24
霊性　30
録音　88

著者連絡先

毎月、成功を呼ぶメールマガジンの配信を希望される方、カタリーナのコーチングやトレーニング、中身の濃い講座についてもっと詳しく知りたい方は、ホームページwww.caterinar.comをご覧くださるか、cpr@caterinar.comにEメールでお問い合わせください。

Power Thinking
人生を変えるパワーシンキング

発　　行	2003年9月20日
本体価格	2,200円
発行者	平野　陽三
発行所	産調出版株式会社
	〒169-0074　東京都新宿区北新宿3-14-8
ご注文	TEL.03(3366)1748
	FAX.03(3366)3503
問合せ	TEL.03(3363)9221
	FAX.03(3366)3503
	http://www.gaiajapan.co.jp

Copyright SUNCHOH SHUPPAN INC. JAPAN2003
ISBN 4-88282-334-9 C0030
Printed and bound in Spain

著　者：カタリーナ・ランド
　　　　（Caterina Rando）

翻訳者：竹田　悦子（たけだ えつこ）
翻訳家・日本語教師。東京外国語大学外国語学部卒業。訳書に『ガイア―地球は生きている』『古代エジプト文化とヒエログリフ』『レイキを活かす』（産調出版）ほか。

落丁本・乱丁本はお取り替えいたします。
本書を許可なく複製することは、かたくお断わりします。